阿德勒談人性

瞭解他人就能認識自己

Understanding Human Nature

Alfred Adler
阿爾弗雷德·阿德勒 著

林曉芳 譯

遠流出版公司

Contents

推薦序：還沒學好的功課成了缺陷／洪仲清……008
推薦序：見自己，見天地，見眾生／曾文志……014
推薦序：從瞭解人性到認識自己──九十年後再相逢／吳毓瑩……018
英語譯者序：阿德勒幫助我們認識自己也瞭解別人……025
作者序：看見自己的錯誤……029
緒論：從生命體驗心靈的震盪……031

第1部 我們的人格是如何發展的？……044

第1談：什麼是心靈？……045
1 自由令生命不凡 046
2 自卑感不一定讓人痛苦 047
3 目標使我們成長 048

第2談：我們與他人的關係……057
1 絕對的真理 058
2 為什麼我們不能獨自生活？ 059
3 接受不完美 061

4 社會意識 064

第3談：每個人都必須知道自己與他人是一體的……065

1 塑形人格的嬰幼期 066
2 過多的愛或缺乏愛都是傷害 069
3 我們都是社會的一分子 075

第4談：我們居住的世界……077

1 感官幫助我們認識世界 078
2 我們眼中的世界 080
3 幻想是一種心靈的創造力 091
4 夢的概說 093
5 同理心與認同感 094
6 催眠與暗示的背後意義 096

第5談：探索內心……103

1 在自卑感中成長的生命 104
2 自卑感的補償 106
3 連結童年經驗與主要訴求 114

第6談：潛意識裡的你是什麼模樣？……127

1 遊戲之於孩童 128
2 專注與分心 130
3 健忘的原因 133
4 從行為模式看進潛意識 134
5 夢境所傳遞的訊息 144
6 心智能力 155

第7談：男人與女人之間……157

1 兩性的分工 158
2 男性握有主導權？ 160
3 壓抑女性的地位是為了掩飾男性的不安感 166
4 完美女性不過是男人的精心傑作 171
5 兩性的拉鋸戰 182
6 別扮演不適合自己的角色 184

第8談：從家中排行認識自己……187

第2部

性格分析 198

第1談：性格概論 199
1 性格是為了順應生存環境的外顯行為 200
2 社會意識對於人格成長很重要 205
3 人格發展的方向 210
4 改變人們行為的利器 218
5 內分泌會影響性情嗎？ 220
6 性格的形成 228

第2談：激進型人格 231
1 虛榮心與企圖心 232
2 忌妒 264
3 妒羨 267
4 貪心 270
5 恨意 272

第3談：非激進型人格 277
1 離群索居 278
2 焦慮 280

3 怯懦 284
4 野性是缺乏社會化的表現 293

第4談：其他人格特質……299
1 開朗 300
2 欠缺思考能力 301
3 幼稚學童心態 302
4 賣弄學問 303
5 順從 305
6 霸道 308
7 情緒與性情 309
8 命運迫害 311
9 宗教狂熱 312

第5談：情感與情緒……315
1 分離性的情感 317
2 連結性的情感 326

附錄：教育對心靈所造成的影響……331
結論：我們可以決定自己的命運……339

推薦序

還沒學好的功課成了缺陷

明年（西元二〇一七年）是阿德勒逝世八十周年，遠流出版社選擇在這個時候出版《阿德勒談人性》，實在別具意義。

其實這本書，在民國七十九年就曾經出版過，當時的書名是《了解人性》，編在遠流的「大眾心理學叢書」之中。很有趣的巧合是，這本書就是阿德勒在維也納的民眾講習所，以德語對著大眾演講每週一次所集結成的書。這是阿德勒第一本重要的心理學著作，在美國已經賣了數十萬本。

距離一九一一年跟佛洛伊德決裂之後，約十五年，書中已經有了相當多阿德勒「個體心理學」理論的雛型。

這期間，歐洲在一九一四年發生了第一次世界大戰，阿德勒也擔任奧地利軍隊的戰地醫生。因此，我們不難理解，阿德勒在本書中，多次表現出對於權力欲、虛榮心、優越感的不滿。

「……幸不幸福和當個第一名或者最傑出的人，毫無關係。如果老是灌輸小孩當一名這種觀念，只會讓他們的人生觀變得狹隘，剝奪他們與他人好好相處的機會。」

阿德勒在這本書中的理想，是期待一個人能擺脫自卑感的箝制，懷抱著「社會意識」（社會興趣），願意跟人合作，貢獻社會。他以達爾文的演化論為基礎，論證人類需要藉著合作共處才能生存。

他也親身實踐，致力倡導跟生活有關的心理學，與大眾互動。一九三七年過世時，也是因為前往演講途中，心臟衰竭而病逝。此外，他不但曾在維也納的公立學校創設多所兒童輔導診療所，更積極地訓練專業人員，以及現場示範，教導群眾處理跟家庭有關的問題。

很諷刺的是，從演化論衍生出來的優生學，被具有權力欲、虛榮心的政治人物，利用整體社會情緒，變成迫害猶太人的立論基礎之一。因為阿德勒為猶太人，所以在一九三二年之後，阿德勒的臨床講義，在奧地利大部分被禁止，許多阿德勒的追隨者也遭到迫害。

雖然阿德勒沒在書中指名道姓，也沒有明白地針砭時政，不過看得出阿德勒在書中的苦口婆心。他寫書的當時，正在一戰結束、二戰之前的詭譎社會氛圍中，他不斷呼籲，社會要合作共處，所以非常關心教育與家庭—性格養成的基礎。

「嘲諷小孩的行為形同犯罪」、「……父母還能避免任何外在的權威施加在孩子身上，不使他們成為不敢有意見的乖乖牌。外在權威這種有害的教養方式，可能會讓孩子個性變得封閉，不敢說真話，並擔心說實話的下場。教育小孩若施加壓力，如同一把雙面刃，有利有弊」、「『瞭解人性』這麼重要的教育目標，至今還是沒有人好好重視」……

可能由於看到兒童的困難，延伸成為成人的情緒與行為困擾，阿德勒非常重視兒童人權，以及教育兒童的目標。其中，很重要的原因是，瞭解一個人，常要從小時候開始。

「兒時留下的印象，會成為孩子成長時遵循的軌跡……人們在兒時遭遇的某些壓力，會影響他們的生命觀點，同時也會早早決定他們的世界觀和宇宙觀。」

所以，他希望透過訓練與輔導，幫助兒童，進一步幫助成人，瞭解自己的行為目的，並透過老師、父母或自我引導，改變目標與行為。

「……我們有待學習的是，如何修正自己的觀念，還沒學好的功課成了缺陷，影響我們的生活，一直為此所苦。」、「即使我們已經是成人了，卻依然把小時候養成的偏見與錯誤觀點當作圭臬在遵守，透過它們看世界……」

因此，阿德勒從社會意識與合作的必然談起，配合著兒童的器官缺陷，談教育、家庭、性別平等、性格形成、智力、早年回憶、夢、潛意識、手足排行、自卑感……，以及各種情緒。

阿德勒關心的範圍很廣，尤其他直接面對大眾，我猜，這些也是要回應大眾所關心的各種議題。

不過，其實這八十多年來，心理學研究已經有長足的進步，各種研究也累積得非常豐厚，像是：變態、性格、社會、發展心理學，以及這些年熱門的認知神經科學，我們的思考，已經超越阿德勒當時的知識範圍許多。

譬如，以「器官缺陷」來說，我們關心的部分，已經不只侷限在視覺、聽覺或身體器官。目前我們已經對基因遺傳、大腦組織，以及認知功能缺損的認識，遠遠多於阿德勒當時。

「我們很肯定，所有注意力不足的病案，問題都出在追逐錯誤的目標。」

關於注意力不足，乃至於注意力缺陷過動疾患，我們已經有社會、心理、生理，各種層面的理解。從這個角度看，某些阿德勒的思考，還需要透過現在的心理學知識，再重新檢視。

所以，阿德勒的研究方法，就目前來看，恐怕仍然過於粗糙。不過，我相信，就算現在的研究方法相對於過去，嚴謹且有效許多，但於一百年以後再回來看現在，也大概一樣覺得粗糙。

不過，這實在無損許多人對於阿德勒的尊崇。我在閱讀本書的時候，常常驚訝於阿德勒的敏銳與覺察，還有他許多觀念的前瞻性。

「……男性不太願意做的事則交由女性負責。結果，情勢演變成男性一直設法支配女性，女性對於男性居於主導地位則是愈來愈不滿。兩性關係相互依存，彼此經常處在這樣的張力下，最後一定會引起紛爭、造成摩擦，這對兩性而言都是痛苦的事。」

這樣的思考，則延伸到教養層次——「要讓孩子明瞭，母親操持家務和父親外出上班一樣重要，並不容易。」即使是現在，我們都還正在努力地推廣這個觀念。在教導兒童性別觀念的時候，也慢慢去除刻板印象的影響，讓兩性之間，懂得相互欣賞與合作，而不是排斥與打壓。

「『陽剛』代表有價值的、有影響力的、成功的；『陰柔』表示順從、謙卑、附屬。人們這種想法日漸根深蒂固，以至於在我們這個社會，舉凡令人讚賞的特質，都帶有陽剛色彩，而比較沒有價值或者帶有輕蔑意味的，都屬於陰柔特質。男性最受不了別人說他們『像個女人』這種嚴重侮辱……任何事只要讓人聯想到女性特質，就一定低了一等。」

阿德勒認為，這種偏見會引發許多嚴重後果，也壓抑了心靈成長，讓活在社會裡的女孩，失去信心和勇氣，這麼做是正確的嗎？

阿德勒其實希望回到科學來探討內在世界的現象，所以其思考辯證時，使用了機率、交互驗證、假設驗證、數據研究、醫學實驗……等的概念。

「心理治療是一門必須對人性非常瞭解的科學」、「唯有仔細觀察一個人整體的行為模式、心理狀態、生活型態，從中看出各種單一行為的意義，我們才有辦法針對這些單一行為進行判讀」……對人類的心理探索愈多，我們愈能瞭解，我們所知有限。

「我們對於人性科學的研究還在實驗階段……」不只是當時的阿德勒，即便是現在的我們，對於大腦、心靈所發生的許多現象，仍有許多不足，也依然在持續努力之中。

讀這本書，感覺像在跟大師對話。也明確感受到，阿德勒的許多概念，在其他後來的理論家，甚至大眾心靈成長書籍之中，找到了受他影響的軌跡。

有些困惑讓我感覺稍稍釋疑，但有更多的困惑產生，讓我更有動力去在臨床實務中持續探索與進行討論。我想，這是阿德勒帶給我的能量，我非常珍惜，也很願意跟各位朋友分享，一同來瞭解人性。

「千萬不要任由自己淪為慣性行為的受害者。」

祝福您！

臨床心理師　洪仲清

推薦序

見自己，見天地，見眾生

心理學界的一代宗師阿爾弗雷德·阿德勒雖然開創了深奧艱澀的個體心理學，卻能以平易近人的方式，將這項寶貴的科學知識介紹給一般社會大眾。阿德勒在一九二七年出版了這本《阿德勒談人性》。此書是阿德勒長期與社會大眾談論如何瞭解人性的演講錄，內容旨在剖析人類行為或目的背後的人性與社會意識的交錯糾葛，從而幫助人們追求心靈寬廣與生命意義的提升。

這是一本將個體心理學的理論與實務，以淺顯易懂的方式體現出來的重要著作。縱使距今已有九十年的歷史；儘管人們的生活方式與所處環境不斷更迭，然而，本書深探人性內心的科學洞見，卻是深厚雋永、歷久彌新，仍可提供今日讀者一個理解人類行為及對性格分析的重要架構、系統、觀點及方法。

阿德勒是正向心理學開展的先驅之一，正向心理學的發展目的也與個體心理學所強調的優勢、健康、預防及成長等信念同出一源。一八七〇年二月七日出生於奧地利維也納的阿德勒，父親是位米穀商人，他在六個手足間排行第二；在他後來發展的個體心理學理論中，提出老二這個手足位置，通常致力「平等」的追求與維護，並且傾向努力探求「卓越或更好」以超越其兄姐。阿德勒在一九一一年因不再相信生物性驅力，而離開佛洛伊德的維也納精神分析學會，之後籌組自由精神分析學會，並於兩年後重新命名為「個體心理學會」。阿德勒關切的，是人學或對人的認識，他一生致力於促進社會成為一個更好的地方，甚於留下個人的傳奇或成為一位傳奇人物；其學術生涯充分體現出從精進自我到轉身回頭見眾生的宗師風範。

如何認識與瞭解人類行為，一直是心理學界令人著迷的主題。阿德勒個體心理學強調：

一、人類是一個社會性的存在體。於是，阿德勒提出社會興趣或社會情懷、社群感或社會意識等概念，他相信人類所有的行為都是在社會環境及與社會互動中產生。因此，一個人的心理健康指標和個人的社會興趣有著密切關聯性；如何建立同伴認同感、如何投入合作與貢獻、如何履行社會責任，以讓這個世界變得更好，這是阿德勒所強調良好的健康生活樣式。

二、人類的行為具有整合性、統一性或整體性，以及目的性或目標導向性；也就是說，個體的生理和心理的運作會朝向一個最終的觀點前進。阿德勒說：「生命就如同是朝向一個目標的行動。」

三、人類具有創造性力量，也就是人格具有克服阻礙、補償及奮力追求卓越的動力，人們的內心深處總有一股力量，會努力地想從感受「自卑」、「不足」、「低頭」或「負的」狀態到邁向「優越」、「成功」、「抬起頭」或「正的」狀態。阿德勒認為，任何事情都可以使之變得不同，他也相信：「生命總會設法延續下去，而且在面對外來阻礙與困境時，生命的力量絕不會還沒掙扎、還沒拼搏就先高舉白棋。」

四、每件事情取決於人們所擁有的觀點，人不僅只是反應，還是具有個人態度的個體；也就是個體以主觀的現實來知覺外在的世界，我們需要在他人自己意識經驗的框架內理解他人。阿德勒提及：「個體永遠依據自己的評價與對目前問題的詮釋來看自己」、「環境並不會決定我們，而是我們對環境的想法決定了我們」。的確，真實發生在我們身上的事遠不及我們在這些所發生之事中做了什麼或從中學了什麼來得重要。

以上個體心理學對人類行為的見解，讀者可以在《阿德勒談人性》中望見，阿德勒如何將這些觀念用生活化的方式詮釋，並在具體的真實案例中，看見理論的實踐及實務應用。誠如阿德勒的好友兼研究夥伴伯藍．吳爾夫所言，《阿德勒談人性》有著對人性深刻的見解，讓我們認識自己也認識他人；重要的是，本書可以讓讀者窺探個體心理學的理論和施行方式，以及心理學家如何將個體心理學應用於心理服務工作中。

學習心理學，其實就像習武之人需跨越三個境界：見自己，見天地，見眾生。相信透過閱讀《阿德勒談人性》，讀者能在理論分析和案例故事中看見人類行為的巧妙之處，以及其行為背後所隱藏的目的密碼或人們的渴望需求——歸屬感、能力感、價值及意義感。

透過瞭解，人們彼此可以開啟對話；透過你對我（或我對你）的瞭解，我／你可以更加瞭解自己、增加自己的覺察，以及修正自己所採取的行動方式和方向；瞭解是個具有動向的行動，而此行動也將讓世界成為一個更好的地方。

《阿德勒談人性》不僅可作為心理師、助人工作者或教育人士的問題指南，也非常適合為人父母及想認識阿德勒心理學或理解人性的大眾閱讀。這本心理學經典的獨到之處，不單有益於提升自己的人性，還可以幫助人們磨練出頂天立地與關懷眾生的寬廣心靈。

國立清華大學竹師教育學院教育心理與諮商學系教授　曾文志

二〇一六年十一月　立冬　風城

推薦序

從瞭解人性到認識自己——九十年後再相逢

二十五年前，四分之一個世紀之前，回望那時的我，確定了職涯方向，「博士論文主題是什麼呢？」我躊躇著、思索著、拿捏著，計劃以什麼樣的時間表完成學業。坐在美國東岸馬里蘭大學校園宿舍裡，一歲半小女兒靠在我身邊，我心中有一個目標，孩子正在長大，所以，我要畢業，然後工作。

目的，主導著我們的生活，不就是這麼簡單？

然而，我們也不禁相信心理學說提及的因果決定論（determinism）。我，其實被過去我所受到的教養所影響，再加上天生氣質交互作用，長成現在的樣子。我的目標，看起來是我在做決定，然而事實上，是來自此刻之前的我所決定，又來自於此刻之前之前的我所決定。於是，步步往前回溯，過去的因，導致現在的果。所以，我是以前爸媽老師家裡學校養成的我，不也是這樣？因此，我下的這個目標，是被因果所決定？還是我的目的在引導？

「因果決定」往往讓我們煎熬於「不可能再現過去、不可能再改歷史」的痛苦或無力中。

是的，阿德勒說，因果決定其實也沒有錯，那是看待人生的一種視角。然而，如果我們能夠更認識自己，也想透那不可改變的過去，自我心靈便可以選擇視角。

不曉得今天你打開這本書，期待什麼？是的，過去真的不能改變，所有時空都不會再回來。但我相信，你帶著生存動機而來，你想要看透過去，找到打開它的密碼。如果你可以放下「因造成果」的信念（cause and effect），把眼光望向未來，你將會發現，這世界不是「從始到終」在流動，而是「以終為始」在運轉。方向在你的手中，想像十年之後，你從未來的後果與結果往現在回看，你就會知道，現在的你要做什麼。這時，你便會負起責任，自己要好好過日子。這就是後果自負，我稱之為後果與責任（consequence and responsibility）。

一旦瞭解到這一層，知道人生是自己在過，阿德勒說：「這就是一個不一樣的、新生的人，將不再逃避自己以為無可脫逃的生命之後果。」不逃避，去面對未來，未來的後果是你現在的目的，你就決定了此刻的你。這是阿德勒自始至終所談的目的論，寫在第一部第一談中。

其實，我們所以為的因果論，在阿德勒眼中，根本全部都是目的論，你以為小時候的你被爸媽或是老師那樣對待，變成現在的你嗎？不是的，是你選擇那樣相信以及決定給自己留下什麼經驗。

我一直不喜歡（其實是害怕）自己一個人，做事情、出去玩、寫書、作研究，都喜歡一群人一起。這是我的個性，我也不曾有過其他的想像，只是很羡慕別人可以享受孤單。

直到有一天，我與好夥伴，吳淑禎教授聊天，說到小小兩歲半的我，當時看著妹妹睡在搖籃中，媽媽上班去了。那時，家裡有個保母，她罵我一點也不乖、亂跑，不像妹妹可愛聽話。我甚至覺得她打了我，我好生氣也很難過，穿過家門跑出去，跑到基隆河渡口邊。我知道媽媽下班後會從渡口上岸。我靠在冰冷的牆壁上，好孤單，感受到牆壁紅磚面以及凹下來的石灰線，如此不平整，靠在它身上那麼地不舒服，覺得天下沒有人愛我了。我等著媽媽。

這一刻孤單的感覺，陪著我好多好多年，直到我超過五十歲，我還在害怕孤單。因著淑禎、英熙與吳珍夥伴，因著端真以及瑞珠的讀書會，還有阿德勒智慧之語的陪伴，我終於從那個自以為的害怕孤單中長大，發現我怎麼被小小二歲半的我控制了那麼久？既可愛又可笑！

阿德勒相信，對於人性的理解，不是學術殿堂學者的私人知識，所以阿德勒直接面對各式各樣的群眾，站在維也納民眾講堂中，以民眾的生活語言談論人性，鼓勵大家重新也從心，理解自己，更要以對於社群的貢獻以及更大團體的需要，作為行為的準則。阿德勒已經看透了，我們自出生起，就是社會人（寫在第一部第二談）。對於群體的感覺，不僅是「社會意識」而已，更是一種情感與意志。

德文 Gemeinschaftsgefühl，英文翻譯成 social feeling，其他阿德勒著作的英文翻譯使用 social interest 一詞，英譯者吳爾夫很苦惱英文沒有相對應的詞，只能在第二談的社會情懷一節中，加註解釋這個詞指的是人與人間相互歸屬與連結的一種宇宙秩序的關係（cosmic relationship）。這是一種什麼關係呢？在華人文化中，我們一定不陌生，這個詞，就是仁。如果以意思來譯，我會說這是「仁民愛物，民胞物與」的胸懷，如孔子曾說的，「泛愛眾而親仁」。如果以字來譯的話，我會選擇社群情懷。

個體心理學 individual psychology 這個詞，也困惑過我，或許你也曾疑惑，阿德勒不是鼓勵社群情懷嗎？強調我們對於社會以及社群的感情，怎麼會鼓勵個體呢？似乎在彰顯個人主義。我們的疑惑是對的，individual psychology 中的 individual 是在描述個體沒錯，然而阿德勒用這個字，不是在強調個人主義，毋寧更是在尋找人如何成為社群中之一分子的過程。事實上 individual 的拉丁文字根是 individuus 不可分割，就阿德勒的闡述，個體心理學更像是 indivisible psychology，我想稱之為整體心理學。

這個整體心理學談的是我們的生命風格，我們人生整體在目標的導向下，從一出生開始，就在為生存而奮鬥，性格以及活出來的生命風格式，事實上就是一種生存模式。

阿德勒強調：「每個人的自主行動來自於生存的不安，解決之道在於調適自己努力朝向滿足、安適與整全的方向來前進。」阿德勒認為，整體心理現象顯現在生命風格中，生存法則就是在調適自己尋求安全。換言之，驕傲虛榮的人會在各個面向展現出驕傲之心，讓自己覺得安適而恰當。自卑情結的人同樣也會尋找各種方式，讓自己處在低下狀態，符合自己對自己的期待，同樣覺得我這樣就好，很安全。相對地，前面所提的社會情懷，也是很重要的調適與安全的生存模式。腦神經研究發現，幫助別人其實是一個自私的基因，讓自己快樂，讓社群美好。

每個人所選擇的安全模式不同。請問，你如何選擇？

我相信，你會在第二部中看到很多自己。我們有時候虛榮浮誇、也常有忌妒或羨慕之心，生氣、憤怒、恐懼，更常在生活中上演。九十年前，當阿德勒在維也納民眾講堂中娓娓對民眾談著每日生活中，我們作為常人總會有的毛病。我相信，現場一定讓很多人落淚了。

今天，這本中譯版在台灣發行，可以說是翻譯的第三版了。二十六年前，一九九〇年，民國七十九年，正是台灣展現民主風範的關鍵年，讓大家熱血沸騰的記憶是野百合學運。那一年，也是阿德勒展現民主風範之《阿德勒談人性》（當時書名為《了解人性》）在台灣首次發行的時刻。現在的我手拿著那時候蔡美玲翻譯的版本，初版六刷。第二年，由國立編譯館主編、大中國圖書印行的《了解人性》也接著出版，譯者是陳蒼多。同一本書，兩個大出版社相隔一年前後拼場，兩位翻譯健將出馬，這現象在書市或翻譯界算少見。那一陣子，我們的社會渴求什麼？野百合學運衝擊政治，把台灣的民主進程帶入新的階段；野百合學運也衝擊著教育，我們在思考什麼才是真正需要遵守的規則？我們在學習如何與人相處，尤其是非我族類的他人，於是四年後出現了教改運動。

阿德勒教了我們什麼？社群情懷，是人性朝向正向發展的開端，也是人類生存法則最佳答案。當你困惑時，你不妨問問自己哪一個行動方向，合於更高一層次的社會共好？答案與行動就出來了。例如，學運當下，遵守老師的教誨回學校好好上課，以及學運所要爭取的民主有所牴觸時，哪一件事情對社會更好？

這些年來，臺灣社會變化好大也好快，從當年高中聯考、大學聯考籠罩每個學生的辛苦日子，到只要你發願要讀大學就一定可以拿到學士的今天，其實日子並沒有不苦，我們依舊處在生存之流中，為活得更好而奮鬥。二十六年前的書名是《了解人性》，而現在一樣的內容，書名則是《阿德勒談人性：瞭解他人就能認識自己》。阿德勒一輩子的心願，就是希望他的學說全民共享、是普世的生活智慧，他希望他留下來的話語與論著，都成為每個人生存於世的自助手冊。我相信出版社決定書名乃基於對市場的敏銳，我們也體會得到，大家買書來看，不僅是瞭解人性，且更希望認識自己，從自己出發。

出發往哪個方向去呢？孔子已經幫我們回答了。孔子曾說：「夫仁者，己欲立而立人，己欲達而達人。」從自己出發，己立立人，己達達人，仁者也。阿德勒與孔子，兩位我們敬愛的長輩，仁者也。

臺北教育大學心理與諮商學系教授兼教育學院院長　吳毓瑩

阿德勒幫助我們認識自己也瞭解別人

英語譯者序

阿德勒認為，科學知識絕不能由受過專業訓練的人獨占，不該只有他們才能從大自然發現真理。因為，知識的價值在於它對人類的實用性。個體心理學在發展之初，只著重器官病理學與體質病理學的研究，這可說是醫學領域中，最晦澀難懂的一環。

阿德勒最早的著作《從器官缺陷研究自卑》（*Studie über Minderwertigkeit von Organen, 1907*）深具前瞻性，能讀懂的人卻少之又少。於是，在這本書發表後的十五年後，阿德勒與他的學生循著書中的方向不斷進行實驗，終於將「個體心理學」獨立出來，形成一門學問、一種心理治療法、一套性格學體系。同時，也是一種世界觀、一種瞭解人類行為的方法。儘管最初的文本非常艱澀，但經過十五年來的持續實驗和研究，如今也能讓受過教育的一般人學會如何瞭解人類行為。

由於個體心理學指出，精神官能症和青少年犯罪可以從童年生活找到源頭，所以維也納各地的學校及社福機構便成立了免費的兒童心理諮商中心。

阿德勒的學生勇於付出，經常在物質條件極為貧乏的情況下，不計酬勞地投入研究。但一切是值得的，因為他們在心理治療的領域取得了輝煌成果。阿德勒因而體會到，任何人只要憑藉個體心理學的方法和洞察力，即可讓自己的人生更有意義，更能理解他人行為，自己的人格也會趨近完善。

阿德勒收到許多邀約，每週定期在維也納的民眾講堂舉辦演講，談論如何瞭解人性以及如何生活。聆聽演說的聽眾數以百計，男女老少都有。每回演講結束開放討論時，阿德勒博士都以親切、鼓勵的口吻，回覆現場紛湧而來的提問。

《阿德勒談人性》這本書，重現了阿德勒在民眾講堂的演說。可惜本書有個缺點：這不是敘述書籍，而是一本演講錄。在書中，我們看不到阿德勒博士的肢體動作，看不到他光芒四射的智慧，也看不到他臨場在黑板寫下的圖解。

《阿德勒談人性》似乎只能靜靜地以文字描繪當時生動的畫面。但是，本書將人類的各種行為探討得非常詳盡，也將各家心理學派許多爭執不休、模糊不清的論點解釋得相當清楚，讓我們更瞭解自己。因此，本書的翻譯，對於人類行為的研究人員來說格外重要。醫師、精神科醫師、心理學家會發現，這本書並非深入探討精神病理學的學術論文，而是一本指南，以一般受過教育的人們也能理解的方式，來探討精神官能症相關的各種問題。研究人員遇到這類特殊問題，粗略翻閱本書時，不要以為可以從中找到最終答案，應當把本書當作手冊，從中找尋建議與靈感。對於那些認為個體心理學的研究結果非常重要的教育人士和社會工作者而言，相同做法一體適用。

其實，真正對這本書感興趣的，應該是一般受過教育的百姓。蘇格拉底（Socrates）告誡人們：「認識你自己！」很可惜，他並沒有告訴我們該怎麼做。這位雅典哲人死後數十世紀，有位學問淵博的思想家、偉大的醫師、對人性見解深刻的智者，彙整自己的經驗與成果，並發表了這本指南手冊，幫助我們認識自己也瞭解別人。

要將這本演講錄中，繁複冗長的德式思考邏輯妥切地翻譯出來，原本是件苦差事。幸好，相關的人事環境大大地減輕了這份重擔。原稿的整理與初稿校對這些沉重的工作，主要由杭特大學教授伊莉莎白負責。

而我長期與阿德勒博士一起做研究，那幾場演講我都在場，也親自參與了維也納兒童心理諮商中心的工作，加上我將個體心理學的理論和施行方法，實際應用於我在紐約的診所。所以，身為譯者的我，翻譯本書不僅是翻譯文字，並將個體心理學的情感和精神，以美國人的語言風格，生動地詮釋出來。我與作者交情深厚，雖然翻譯十分辛苦，但一切都是值得的。

伯藍・吳爾夫（W. Béran Wolfe, M.D.）

一九二七年十一月寫於紐約

看見自己的錯誤

作者序

出版這本書，是為了幫助一般大眾對個體心理學的基本觀念有所瞭解。同時，本書也要證明，如何將這些理論與知識實際運用在我們日常生活中，無論是與這個世界、和人群的互動，或是自己的生活各層面。

本書集結了我一整年在維也納民眾講堂的演說內容，聽眾很多，男女老少、各行各業的人都有。本書的目的，除了指出個人錯誤的行為，會如何影響社會與團體的和諧關係，也要教導每個人看到自己的錯誤，並修正錯誤，融入團體生活。

做生意或者做學問，如果犯了錯，代價固然慘重，但要是日常行為犯了錯，往往危及生命。這本書，就是告訴大家該怎麼做才能好好瞭解人性。

阿爾弗雷德．阿德勒（Alfred Adler）

緒論

從生命體驗心靈的震盪

「人類的命運，由心靈決定。」——希羅多德（Herodotus）

人性這門科學，如果用武斷和高傲的心態來看待是行不通的。唯有謙虛的人才能瞭解人性。人性這門課題廣大無邊，如何解開這個謎題，是人類從遠古以來一直努力的方向。學習人性心理學，不是只為了培養專家；它真正的目的，是幫助大家瞭解人性。但是，學界有些人卻堅持，研究結果專屬於學術圈的少數人。

我們的生活與外界過於疏離，大多數的人對於人性都不甚瞭解。人類以前的生活，不像今日這般疏離。在小時候，我們很少與人接觸，而家庭將我們與外界隔離了。這種生活方式使得人們難以產生密切的互動，但是卻對於科學研究與瞭解人性相當重要。

我們與他人的互動太少，對待他人的態度容易出問題，判斷力也經常出現偏差，一切只因為我們不夠瞭解人性，所以彼此成為敵人。大家都很熟悉，「無緣對面不相識」、「話不投機半句多」這類形容人們欠缺交集的詞語。人們彼此都很陌生這種情況，不僅出現在社會上，也出現在家庭裡。我們最常聽見，父母抱怨不瞭解自己的子女，或者子女抱怨父母誤解自己。**我們對他人的瞭解有多少，會決定我們用什麼態度待人。也就是說，瞭解他人是社會關係的基礎。**人們如果能夠多認識幾分人性，相處起來也會更融洽，人際關係的困擾也會減少許多。人與人相處出現意見不合或者處不來的狀況，是由於認識不夠。所以，看到他人的外在行為時，會容易誤解或者因此被誤導。

我們研究的目的，是為了解釋為什麼我們要從醫學觀點來探討人性，為什麼要將人性這麼廣泛、模糊的領域當作一門科學，替它奠定明確的理論基礎。我們還會仔細檢視人性學的前提，再來決定它可以解決什麼問題、達到什麼效果。

首先，心理治療是一門必須非常瞭解人性的科學。精神科醫師必須能夠在短時間內，正確判讀出精神異常患者的心靈狀態。這行的專業人員必須非常清楚，患者的內心出了什麼問題，在進行診斷、治療、開藥方時才能準確無誤。只看患者的外在行為是行不通的。診斷只要一出錯，就會付出慘痛的代價。對心理疾病有足夠的瞭解，便可取得很好的療效。換言之，我們對人性的知識經過了嚴格的檢視。日常生活中，我們對他人的見解如果有誤，結果不見得很慘。因為犯錯之後，通常要過了很久才會知道，所以當中的因果關係並不明顯。往往得事隔數十年後，才猛然驚覺，當時對他人的誤解，後果竟然這麼嚴重。我們從這種負面經驗明白，每個人都該學習能夠活用的人性心理學。

根據我們對精神疾病患者所做的檢查顯示，患者表現出的精神異常、情結、幻覺，在心理結構上與正常人的行為並無二致。從行為的要素、行為的引發要件、行為表現來考量，這些都相同。唯一的不同是，精神疾病患者比較引人注意，也比較容易被認出。我們從情緒異常的患者身上學到很多，而當看到正常人的心靈表現出類似的人格特質時，也會提高警覺。這和任何專業領域一樣，只要經過訓練，付出熱忱與耐心，都能學會。

我們第一個發現是：**童年為心靈基本結構形成的關鍵期**。其實這算不上什麼重大發現。不同時代的偉大思想家都提過類似觀點。但我們的創新之處，在於我們可以將已知的童年經驗、印象、觀點與日後的心理現象來結合，建構出一套明確、連續的心理發展模式。如此一來，我們得以將童年的經驗和觀點，與成年後的經驗和觀點做比較。從當中的關係，我們發現一件很重要的事：內心世界所表現在外的單一行為，絕不能視為獨立的現象。這些單一現象必須視為整體的一部分，才會有意義。

因此，我們明瞭，唯有仔細觀察一個人整體的行為模式、心理狀態、生活型態，從中看出各種單一行為代表的意義，我們才有辦法針對這些單一行為進行判讀。只要做到這點，就會發現，人們在兒時悄悄立下的目標，最後的確完全展現在成年後的人生觀。也就是說，事實證明，從心靈成長的觀點來看，一切幾乎沒有改變。他們的目標體現在外的行為與言詞或許會有轉換，但基本意圖與行為動機等等，所有引導人們朝著同一個心靈目標前進的各種因素，從童年到成年，始終沒有更動。

例如，一位焦慮的成年患者，容易猜忌、不信任他人，行為表現明顯有疏離社會的傾向，可這些特質和心理活動在三、四歲時便已經出現。由於孩子還不懂得掩飾情感，所以當這些特質出現在孩子身上，我們很容易就看得出來。是故，我們習慣把研究重心放在患者的童年。只要知道患者在童年的性格特質，不等對方透露，我們即可事先推測出成年的他具備哪些人格特點。我們在成年患者身上觀察到的特質，可說是他們童年經驗的直接投射。

只要傾聽患者回憶童年；只要曉得如何正確解讀這些記憶，我們就能相當精準地重建，當事人現在有哪些性格特點。因為我們曉得，一般人在兒時養成的習慣行為，即使到了成年也很難改變。即便長大成人後，面臨了不同環境或改變了生活態度，也仍是很少有人能夠改變兒時的行為模式。由於心靈的基本結構並無更改，人們的性格傾向還是一模一樣。所以我們推斷，他們的生命目標也維持不變。

我們之所以認為，如果要改變成年人的行為模式，就必須將研究重心放在童年經驗，還有另一個原因。能不能順利轉變一個人成年後的人生經驗和印象，並非重點。最重要的，是要找出患者根本的行為模式。只要做到這點，我們就能看出他們主要的人格特質，才能有效治療患者的疾病。

所以，研究兒童心靈成為我們這門專業的重心，而探討童年早期經驗的研究也非常多。這個領域開發的空間還很大，有待後人繼續挖出新的寶貴資訊，造福人性心理學。

同時，我們也在想辦法防止人們發展出負面的人格特質。我們不是為了研究而研究，而是為了人類幸福著想。我們的研究沒有預設立場，是很自然地走向「教育」的領域。在這個領域裡，我們長年投注了相當多的心力。教育這塊領域是座寶山，等待有心人來探勘。我們可以將人性學的研究結果與教育結合。和人性學一樣，**教育不是書本上的知識，必須從生活中來學習**。

我們對於患者的心靈投射在外的行為，必須能夠感同身受、融入其中，經歷他們的歡喜與悲傷。這就好比優秀的畫家在畫人像時，畫得出對方身型，也畫得出對方的內心世界。人性的研究可以視為藝術的一種，是一門可以有多種表現手法的藝術，與其他各種類型的藝術關係密切。尤其對於詩與文學，人性心理學更顯得重要。人性心理學的首要目標，就是幫助我們更瞭解人類。也就是說，它必須幫助我們變得更好、更成熟、更理想。

我們的研究有個難題，就是——我們常常發現，人們對於「瞭解人性」這個話題非常敏感。許多人認為，自己對於人性非常瞭解，但其實他們對這方面的認識實在相當地少。如果有人質疑他們的能力，考考他們對人性的認識有多少，他們絕對會感到不高興。不過，真正有心瞭解人性者通常能**將心比心，去感受他人存在的價值和意義**。這樣的人，如果不是本身曾有過心靈危機，不然就是比較能夠在他人身上看到相同的危機，感同身受。

因此，我們認為，對於如何運用專業知識，有必要制定一套嚴謹的實行方法。假如我們將研究他人心靈所得的資訊，粗率且不加修飾地直接當著對方的面說出口，一定會引來反感並被痛罵一頓。這個領域弄不好就會動輒得咎，學習人性的人們務必小心。要毀壞自己的名聲很簡單，只要將人性心理學的知識，用在不該用的地方，好比說妄自猜測鄰桌客人是什麼個性。另外，誤把人性心理學的基礎知識當作永恆不變的定律，來啟發那些對人性所知不多的人，是非常不妥的。這種做法看在那些熟悉這門學問的人眼中，也是失禮。為此，我們要再次提醒：學習人性心理學一定要謙虛。我們沒必要、也不要貿然到處宣揚自己的研究成果。只有小孩才會迫不及待地想要炫耀自己什麼都會，成人不應該這麼做。

我們建議，所有研究人類心靈的專家，最好先自我檢驗。沒有人類就沒有這樣的研究，我們不可將自己的研究成果，硬套在他人身上，傷害無辜。這樣做，只會給這個仍在開發的領域製造難題，甚至壞了自己的研究計劃。

心理學界的新手因滿腔熱血卻思慮不周所犯的錯誤，我們也要連帶負起責任。所以，我們的研究必須小心謹慎地進行，以全盤的觀念來看待事物，對於片面才有能力下結論。

再者，我們只有確定這個研究結論對他人有益，才會發表出來。否則，即便我們對人性的判斷是正確的，如果以不當的方式在錯誤的時機公開，只會造成傷害。

在我們繼續往下討論前，應該先澄清許多人內心的疑慮。前面提過，每個人慣有的生活方式不會改變。這點許多人似乎難以理解。一般人認為，生命經驗一直在累積，這應該會改變我們對生活的態度。但別忘了，一種經驗可以從不同的角度解讀，世上沒有兩個人經歷相同的事會得到相同的結論。也就是說，我們不見得會從經驗中學取教訓，但學會如何避開難題，待人處事變得通情達理。然而，做事仍依照習慣，不會改變。

接下來的討論裡，我們會發現，人們習慣將所有的經驗套用於相同目的。進一步研究發現，**人們所有的經驗必定與自己的生活型態、行為模式相互吻合**。有個觀念耳熟能詳：自己的經驗自己創造，會經歷哪些事、用什麼態度面對，全由己身決定。

我們從日常生活裡發現，**人們無論做什麼事，都是從經驗中尋找自己想要的答案**。假設有個人經常犯同樣的錯誤，因為你的提醒他們注意到了，這時他們的反應可分為幾種。他們可能會說：「你是對的，下回我知道該怎麼做。」可惜，這不是典型的反應。大多數的人會狡辯道：「已經錯了這麼久，改不掉了。」他們也可能把責任推給父母和教育，埋怨沒有人關心他、自己被慣壞了，或者小時候被虐待。無論他們替自己找什麼藉口或理由推拖，一切只說明一件事——他們想推卸責任，並用這種方法把自身行為合理化，好讓大家不敢責備他們。自己會一事無成，全是別人的錯，自己永遠沒錯！

這種人忽略了一點，他們沒有努力避免犯錯，努力得不夠。他們寧願繼續犯錯，只想責怪別人沒把自己教育好，所以他們才會犯錯。只要他們願意，用相同的藉口活一輩子都沒問題。一種經驗有多種解讀角度，可以導向各種不同的結論。所以我們知道，為什麼人們不肯改變自己的行為模式，只想扭曲個人經驗，直到經驗完全符合自己的行為模式。要人們認識自己、改變自己，實在太難了！

人們如果對於人性心理學的理論與實踐不夠專精，要教導他人改變自己，一定會遇到問題。因為他們只在事情的表面下工夫，誤以為改變了事情的表象，就算大功告成。但事實上，用這種方式改變一個人是無用的。行為的改變只是表面，只要行為的基本動機沒有修正，任何改變都是枉然。

改變一個人並不容易。心理學家要很樂觀、很有耐心，最重要的是要謙虛。因為來尋求協助改變的人，不是用來餵養別人的虛榮心。協助他人改變，必須讓對方覺得我們的做法合情合理。否則，就像一道本該美味營養的菜餚，如果煮得隨隨便便，色相也差，不會有人想嚐。

人性心理學的研究還有另一層意義：社會性。如果人們能多瞭解彼此一點，相處就會更融洽，關係也更密切。這樣一來，人們就不太可能互相欺騙，或者令彼此失望。社會上最大的危害就是欺騙。我們在帶領新手入門成為工作夥伴時，一定會告訴他們這點。心理學家在操作人性學理論時，務必讓患者明瞭，人人心中都有股未知的潛意識暗流一直在影響著自己。我們的同仁如果想要幫助人，就必須能夠辨識人類行為中所有扭曲、偽裝、欺騙的伎倆。所以，我們必須學習人性心理學。治療患者時，自己內心有一把尺，不會忘記它背後的社會意涵。

什麼人最適合收集這門學問的相關資料，並好好應用？前面提過，學問不能光說理論，只知道規則和數據是不夠的。我們必須將理論與實務結合，見解才會變得敏銳、深刻。這才是人性心理學理論的真正目的。我們唯有從理論走進生命裡，實際應用理論，才能活用人性心理學。我們提出這個問題，是有原因的。我們的教育對人性的知識傳授得太少，而我們學到的知識也都不大正確。現前的教育體系，還沒有能力教導我們如何認識人類的心靈。學校不會教「心靈成長」，小孩只能完全靠自己從經驗做適當的判斷，靠自己摸索。我們找不到「要怎麼看到人類心靈的原貌」這種知識的傳承。

我們發現，那些還沒有被雜亂無章的教育體系弄得人際關係一團亂者，最適合研究人性。研究中所接觸到的男男女女，大致可分為，樂觀者與悲觀但不認命的人。然而，光是與人互動是不夠的，我們的研究還需要生活經驗。

在這個人性教育不足的年代，對人性最有體會的人只有一種，就是曾犯下大錯但痛改前非的人。這種人通常不是曾經陷入心靈風暴，犯下各種小過大錯而受困其中，最後順利脫身，就是曾經與之擦肩而過，差點被捲入。當然，有的人天生曉得人性是什麼，他們知道他人與自己是一體，同理心很強。但是，**瞭解人類心靈最好的方法，就是親自從生命體驗心靈的震盪**。因此，這種犯了錯但痛改前非的人，無論在當代，或者在過去偉大宗教剛創立的時代，都是很可貴的。這種人的成就比宗教定義的義人還高，為什麼呢？**一個能夠走出困境，從生命泥淖爬出，學會在逆境中找到力量的人，最能體會生命的光亮與陰暗面**。這樣的領悟，只有這種人才有，就連義人也辦不到。

如果遇見有人陷入自己的行為模式，過得不快樂，我們就有義務幫助他們。我們可以運用自己對人性的知識，幫助他們修正錯誤的觀點，回歸生命正軌。我們必須幫助他們，培養正確的觀點，一種能夠適應社會、幫助他們在生命中找到幸福的觀點；我們必須幫助他們，建立新的思想體系，引導他們培養另一種以社會意識和團體精神為重心的生活模式。並不是要幫他們打造一種理想的心靈架構，只要提供給他們新視野，對於身陷困境的人來說就已經非常受用了。因為，他們會看到自己哪裡出了問題。

傳統的命定論者認為，人類所有活動全部落入因果定律的模式中。我們覺得，這種說法不是完全沒有道理。然而，**當一個人具備了自知之明與判斷力，「因」是可以改變的，經驗也會產生全然不同的意義**。**一個人如果能夠主宰自己的行為與心靈的動力，認識自己的能力就會提升**。人們一旦瞭解到這點，就能改頭換面，再也不會為自己狹隘的觀點所困了。

第1部

我們的人格是如何發展的？

第1談

什麼是心靈？

心靈活動不能單獨存在，一定要與環境互動，它會接收訊息、回應外界的刺激。面臨險惡的外在環境，我們的心靈可能會捨棄不利有機體生存的能力或本領，也可能結合這樣的能力，來確保生命能得以延續。

1——自由令生命不凡

我們一直認為會動的、活生生的有機體才有心靈活動。心靈活動本身和自由行動是有關係的。因為，那些牢固不動的有機體並不需要心靈活動。如果說植物也有情感，也會思考，那未免也太神奇了！如果說植物能夠忍受痛苦，但它想逃也逃不掉；如果說植物能預知傷害，但它還是逃不掉；如果說植物有理性與自由意志，但卻沒辦法運用這些特質，在這種情況下，植物的意志和理性必定凋零。

行動與心靈活動有密切的因果關係，就是這層關係將動物與植物區分開來。所以，在心靈成長的過程中，一切與行動力相關的因素都必須考慮在內。所有由於改變位置而衍生的問題，都會促使心靈養成預先準備、累積經驗、記憶的習慣，這樣生命體在面對生活大小事，才會得心應手。因此，我們可以肯定，心靈發展的初期與行動有關，生命體的行動力會決定心靈活動如何演變與發展。生命體的行動力會刺激、推動、強化心靈活動。假設某人的一舉一動都不出我們所料，那麼這個人的心靈是停滯不動的。**唯有自由才能造就不凡的生命；而壓迫只會扼殺、摧毀生命力。**

2 —— 自卑感不一定讓人痛苦

如果我們用上述觀點來看待心靈的功能，那麼就會發現，我們在討論的，是一種遺傳能力的變化。這種遺傳能力，是一種具有攻擊與防衛能力的心靈器官，生命體會根據當時處境運用這種能力來應變。**心靈活動結合了攻擊性與防衛性機轉，最終目的在於確保生命體可以長久生存下去，能夠安穩地發展**。我們必須認同這個前提才能往下討論，因為接下來要討論的內容，都是從這個觀念衍生出來。這個前提之所以很重要，是由於它說出了什麼是心靈。心靈活動不能單獨存在，一定要與環境互動，它會接收訊息、回應外界的刺激。面臨險惡的外在環境，我們的心靈可能會捨棄不利有機體生存的能力或本領，也可能結合這樣的能力，來確保生命能得以延續。

從心靈與行動力的關係來看，我們自然聯想到其他許多相對關係。譬如，人類的個性特點、身體基本特徵、品格好壞，這些觀念都是相對的。對人來說某種能力或某個身體構造，究竟是有利還是不利，並非絕對。這些觀念的意義，只能依照個人當時環境條件而論。一般人都知道，人類的腳其實是手退化的結果。對於需要攀爬的動物來說，手退化成腳絕對是不利的。然而，對於必須行走的人類來說，手退化成腳卻非常便利。沒有人走路會想要用一雙「正常」的手，而是一雙從手「退化」而來的腳。**自卑感不見得是人們生活中所有痛苦的根源**。只有外在環境能夠決定這些相對關係究竟是缺點或是優點。別忘了，宇宙間存在著各種相對關係，好比說白日與黑夜、太陽主導萬物生成、原子的動能、人類的心靈。我們會明白，這些力量對我們的心靈影響有多大。

3 目標使我們成長

我們發現人類的心靈有個傾向，會一直朝著某個目標前進。所以我們不能想像人類的心靈是靜態的。我們可以說，心靈是多種力量運行的綜合體，它們發展的源頭相同，努力朝單一目標邁進，就是所謂的「目的論」。這種**追求目標的行為，屬於一種「適應」的表現**。人生如果沒有一個目標在前方指引，讓我們投注所有心力，心靈的生命恐怕也就不存在了。

人類的心靈生命，由個人的目標決定。人類之所以會思考、有感受、有欲望、有夢想，是因為有個既定目標在前方指引，決定我們應該做什麼、是否繼續執行、是否應該修正。這是因為生命體會依照自己的需求自我調整，根據環境條件做出適當反應。人類生活中出現的各種生理、心理現象，就是根據我們前面提過的基本原理產生的。生命的動力會形塑我們的目標；**人生沒有目標，就沒有心靈成長**。至於目標，視為變動的或靜止的都可以。

從這個角度來看，我們的心靈產生的各種現象，可說是為了未來可能遇到的情況做準備。所以心靈器官的本質，是一股朝單一方向前行的力量。從個體心理學的觀點來看，人類心靈投射在外的種種現象，全部具有目的性。

如果想要對這個世界有基本認識；如果想要知道一個人的目標是什麼，我們必須瞭解這個人生命的動向和行為表現具有什麼意義，這些對於個人目標的追求，起了什麼作用。因為人生的目標一直在變動，心靈沒有自然法則可言。但是，我們仍然必須知道，人們會採取什麼行動來達成自己的目標，這就好比當我們放掉手中的石子，我們知道石子會往什麼方向運動。現在，假設每個人心中都有一個既定的目標在追求，心靈必定會不由自主地被一股力量牽著走，就好像有某種自然法則可以遵循一樣。我們的心靈確實有法則在主導，但這種法則是人為的。不過，如果有人因此以為可以找到充足的證據，來證明心靈有法則可遵循，那麼他們就是被表象給騙了。如果人們以為，可以從環境中找到永恆不變、預先存在的規律，那是騙人的。假設今天看到有位畫家要作畫，人們心中便浮現一個有創作意圖的人應該具備哪些特質。於是，畫家的一舉一動都在意料之中，好像有股自然法則的力量在主導。然而，畫家作畫，真的是受到某種力量的推動嗎？

自然界的運作方式和人類心靈的運作方式不同。自由意志是否存在，差別就在這一點。我們普遍認為，人類沒有自由意志。一個心中有著目標在追求的人，不可能自由。因為人類與社會、物理世界、宇宙的關係存在各種變數，這些都會影響個人目標的形成，這也難怪為什麼人類的心靈，看起來好像受到某些恆常不變的自然法則所控制。現在，假設有個人不願融入社會關係，排斥這種關係，或者不肯改變自己以應付人生的現實面，那麼看似恆常不變的法則會全部失去作用，新的目標會產生新的法則。也就是說，社會關係的法則，對於那些人生遇到挫折、不願意融入社會關係的人，起不了作用。所以，我們必須再次強調，**人們心中如果沒有某種理想的目標，心靈活動也就不存在**。

換句話說，**想要瞭解一個人的目標是什麼，只要觀察這個人現在做的事就知道了**。這是很重要的觀察，因為不是每個人都很清楚自己的目標是什麼。就現實面而言，我們如果想要瞭解他人，就一定要採取這個做法。由於人類的行為可以從多方面解讀，所以這個方法實行起來並不容易。然而，我們可以把一個人的各種行為，從中摘選幾項用圖表呈現，加以比較。將圖表上任兩個點連起來形成一條曲線，一條線代表一種心理特質，每條曲線出現在不同時間，用這種方法也可以認識他人。這種方法清楚呈現一個人的生命型態。在接下來的案例，我們會看到一個人成年後如何重現童年的行為模式，相似度非常高。

有名年約三十歲的男子，個性積極進取，儘管童年不幸福，最後還是克服萬難並功成名就。某天，他萬分沮喪地走進診療室，對醫師說自己不想工作，也不想活了。他說，自己就要訂婚，但對未來卻充滿了不確定感。他的忌妒心強烈到自己都受不了，訂婚因此即將破局。

我們聽他解釋忌妒心的起因，發現沒什麼道理。他訂婚的對象並沒有犯什麼錯，可他卻不信任對方。所以，我們需要進一步釐清原因。他和許多人一樣，與人交往時，一開始覺得對方很吸引人，但沒多久卻擺出敵對的一面，親手摧毀自己原本想要建立的關係。

現在，我們根據上述資料，把這名男子的生活型態作圖，摘選他過去生命中的某個事件，然後與他目前的生活觀點來連結。依照慣例，我們通常會請當事人說出小時候記得的第一件事，雖然我們不見得能夠證實這段回憶的真實性。

他回憶的內容如下：他和母親、弟弟一起上市場。因為市場吵雜且擁擠，於是母親挽起他的手，但他是哥哥，母親發現這樣不對，便馬上放下他的手，改牽弟弟的手，結果我們的患者擠在人群中跌跌撞撞、暈頭轉向。那年，他才四歲。聽他回憶這段往事，再對照他對現況的不滿，我們發現相同的問題點：他懷疑別人沒有把他當成最愛。只要一想到，別人可能取代自己的地位就受不了。我們將兩者的相似性告訴患者，他聽了十分驚訝，馬上看出其中的關聯。

每個人心中都有個目標作為行動的依據，而**環境對一個人童年造成的影響、留下的印象，會影響一個人目標的形成**。一個人心中理想的狀態，也就是目標，很可能在人出生後幾個月便已經形成。即便在這個階段，某些外在刺激已經足以引發小孩快樂或痛苦的情緒反應。雖然表現的方式還很粗糙，這時的人生觀正要成形。影響心靈的基本要素在嬰兒時期已經建立，並以此為基礎衍生出一套意識形態，這在日後通常會經過修正、影響或轉變。各種不同的因素會迫使小孩形成某種人生觀，小孩從此養成習慣，生活中遇到什麼問題就以什麼方式回應。

有些研究人員認為，成人的個性在嬰幼兒時期已經看得出來，這樣說一點也沒錯，但這也反應出多數人的觀點：個性是遺傳的。個性和人格特質遺傳自父母親這種觀點，造成的傷害十分深遠。例如，這對教職人員的工作會造成妨礙，也弱化他們的信心，看到學生課業表現不佳，只要將矛頭指向遺傳即可。這絕非教育的本意。

我們的文明有助於人們的心靈找到生命的目標，會劃定界線、訂明遊戲規則，放任孩子在一定的範圍內四處闖蕩，讓他們自己找到滿足個人欲望、安全感、能夠融入社會的方法。孩子期望從現實生活中找到多少安全感，或許在他們在很小的時候就知道了。所謂的安全感，我們指的並非只是人身安全，而是另一種層次的安全感，一種可以在最有利的條件下，獲得恆久不變、存在的安全感。這個觀念有點類似操作機械的「安全係數」。如果小孩需要正值很高的安全係數，也就是說，他們對安全感的需求非常高，光只有滿足生活基本需求、可以安穩過日子這種程度的安全感，並不能使他們滿足，這時他們的心靈會出現另一種發展傾向——追求控制權與優越感。

小孩和成人一樣，他們也想超越所有的競爭對手。他們努力爭取優勢，期望這種優勢會帶給他們安全感和適應環境的能力，而這些正是他們為自己設定的目標。隨著年紀增長，內心不安的感受愈來愈強。假設，眼前的環境需要他們投入更多心神來應付。在這個關鍵時刻，小孩卻不相信自己有能力克服困難，開始費盡心思編造藉口逃避，這一切會加強他們內心深處對成功的渴望。

在這種情況下，正在追逐的目標往往成為逃離困境的手段。為了暫時逃避生命的責任，他們會變得退縮，或者想辦法從困境逃脫。我們必須瞭解，人類內心表現在外的反應並非固定不變，卻也非絕對。每一種反應只不過是片面、暫時的，絕不可視為問題的解決之道。尤其不要忘了，兒童的心靈在成長過程中，任何的想法或目標隨時在變化。我們用來評估成人心靈狀態的標準，不能套在小孩身上。我們在面對小孩時，問題必須看得更深入，要注意他們追尋的目標是什麼，因為他們把一生的精力和行動力都放在這裡。如果我們可以將自己投射到小孩的內心世界，我們就能理解，他們為了追求權力所表現出來的行為，是如何導向他們為自己設定的理想目標，如何幫助自己適應環境。

想知道孩子會為什麼出現某些行為，就必須站在孩子的觀點看世界。孩子基本的人生態度結合了個人觀點，會把他們導向不同的成長方向。其中一種，就是樂觀的生活態度。樂觀的小孩自信心強，能夠輕鬆解決任何問題。在這種條件下長大的小孩，日後會養成能幹的特質，覺得生命中沒有他們不能解決的事。從這樣的小孩身上，我們看到了勇氣、率直、坦白、責任感、勤奮等特質。和這個相反的，就是悲觀。假使一個孩子對自己沒信心，不認為自己有能力解決問題，那他們的人生目標該怎麼辦？他們一定覺得，世界很陰暗。而這樣的孩子會擁有膽小、內向、疑心病重等所有弱者用來保護自己的人格特質。他們無法實現自己的目標，只能當個生命戰場上的逃兵。

第2談

我們與他人的關係

人類在適應環境的過程中，社會的功能很重要，所以心靈的發展，一開始就不能把團體的生活的條件排除在外。因此，心靈發展出的各種特質，都是以團體生活方式為基礎發展而來。

想要知道一個人的想法，我們必須觀察這個人與他人的關係如何。人與人之間的關係，一方面由宇宙的本質決定，所以會不斷變動；另一方面則由社會體制決定，像是，管理團體或國家事務的慣例。如果不瞭解這些社會關係，也就無從理解心靈活動。

1——絕對的真理

心靈不是人們能自主的，它會不時冒出各種問題有待解決，這會影響心靈活動的方向。這些問題與人類團體運作的原理關係密切。團體對個體的要求會對個體造成影響，但是團體卻很少受到個體的影響。即便有，程度也很輕微。然而，人類組成的團體存在的條件，也並非最後定案。由於條件複雜，隨時可能變動。我們本身也深陷人際網絡之中，所以不容易看清人的內心深處出了什麼問題，也不容易徹底瞭解心靈的問題。

對於這樣難解的問題，處理方法只有一個，就是把團體運作的原理當作最終、絕對的真理。人類的團體並不完美，身為人類的我們能力有限，會犯錯、會有過失，改正以後，我們會逐步逼近真理。

馬克斯（Marx）和恩格斯（Engels）根據唯物論劃分的社會階級，在我們的研究是個重點。根據他們的理論，一個人的經濟基礎會決定一個人的行為與意識型態，也就是所謂的「上層結構」。剛剛提到的「團體運作的原理」與「絕對的真理」，部分內容就是承接了這些現成的觀念。然而，根據我們對歷史與生命個體（即個體心理學）所作的觀察，**人們在面臨社會經濟體系的壓力下，做出錯誤的行為反應，有時是一種權宜之計**。為了逃避社會經濟體系的要求，人們會出現一連串錯誤的行為表現，深陷其中，進退兩難。我們在通往絕對真理的路上，將帶領大家跨越所有類似的陷阱。

2——為什麼我們不能獨自生活？

團體生活運作的法則和氣候運行的法則一樣，都會迫使人們採取應變措施。好比說，天氣變冷時，人們會建造房屋禦寒。人類有一種自動形成團體、過著群聚生活的傾向，這種現象普遍存在於社會各個團體。至於是什麼性質的團體，我們無須全盤明瞭。例如，在宗教裡面的團體禮拜儀式，是一種維繫成員感情的方法。人類得以生存在這個世界裡，第一決定要素是宇宙的影響。其他的影響力，則是順應人類團體生活模式以及團體生活的規律和規則而生。團體的需求會規範人際關係。人類群居生活形態比個體生活型態更早出現。在人類文明發展史中，所有的生活形態都是以群居為基礎。人類的發展不可能以個體為單位，而是以群體為單位。理由很簡單。只要觀察整個動物界就會發現，凡是無法獨立作戰保護自己的動物，一定會藉由群聚集結成新的力量。

人類群聚的本能已經展現其功用，它發展出一項最著名的武器，用來幫助人們對抗環境嚴苛的挑戰，就是——心靈。團體生活處處可見心靈的作用。達爾文（Darwin）很早以前就提醒大家，弱小的動物絕不可以離群而居。因為人類的能力有限，無法離群生活。在此，我們不得不把人類也歸入弱小動物之列。人類在大自然面前沒有抵抗的能力，所以為了在這片土地上生存下去，就需要製作各種工具來保護自己孱弱的身軀。試想，假使一個人獨自在原始叢林之中，除了一雙手，身旁一樣工具也沒有，要怎麼活下去呢？

人類的生存本領比不上其他動物，既跑得不快，力氣也不夠大；牙齒比不上肉食動物銳利，眼睛看得不夠遠，聽覺也不夠敏銳。這些全是搏鬥求生必備的本事。人類需要完備的工具幫助自己活下去。我們的飲食、身體構造、生活方式都需要全面且徹底的保護計畫。

現在我們能夠瞭解，為什麼人類只能在極其有利的條件下才能生存。這些有利的條件是由團體生活所提供。團體生活是必要的：人類透過團體生活和勞力分工，各自劃入不同的團體，種族的生存才得以延續。勞力分工是文明的代名詞，唯有透過勞力分工，人類才能取得攻擊與防衛的工具，捍衛自身財產。人們只有懂得如何勞力分工，才能保護自己。我們得考慮，生產是件多麼艱難的事，還要保護剛出世的小孩平安地長大，需費盡多少苦心！如果沒有勞力分工的機制，照顧孩子就無法面面俱到。人的一生大病小痛不斷，更何況是嬰幼期呢？這樣你應該多少能夠明白，維繫人類生命要花費多少心力，群體生活有多重要。團體，是人類得以繼續生存，最理想的靠山。

3——接受不完美

承前述所言，我們得以結論出，從大自然的角度來看，人類是次等的有機生命體。**人類的意識普遍存在著自卑感（不適感）與不安全感**。這種感覺形成一種誘因，促使我們找尋更理想的方法來適應環境，會逼得我們設法把所有不利於人類生存與發展的外在條件去除或減至最低。

這種情形突顯出心靈器官的重要性：心靈器官可以幫助人類適應環境，找到安全感。雖然原始哺乳類動物的身體構造，例如：角、爪、牙齒等，天生具有防衛功能，可以用來對抗大自然，但是從原始動物逐漸演化成人類的過程中，如果沒有心靈器官是不行的。只有心靈活動才能在緊急時刻起作用，彌補人類身體器官的缺陷。

人類經常覺得自己不完美，這個念頭成為誘因，迫使人們養成洞察危機、提高警覺的能力。心靈就這樣慢慢演變成目前這樣會思考、有感覺、會產生行為的器官。人類在適應環境的過程中，社會的功能很重要，所以心靈的發展，一開始就不能把團體生活的條件排除在外。因此，**心靈發展出的各種特質，都是以團體的生活方式為基礎發展而來**。

人類的心靈發展進入下一階段，涉及邏輯的養成，這個階段的心靈成長強調，普遍適用性。只有放諸四海皆適用的原則，才合乎邏輯。清楚的語言表達能力，是融入社會生活一項重要的工具；就是這種神奇的能力，突顯人類與其他動物的不同。語言現象的產生與社會有關，所有的人皆適用。獨來獨往的人用不著語言，語言只有在社交場合才派得上用場。**語言是社會環境的產物，將個體與群體的關係串連起來**。有些人在成長過程中，與他人互動出現障礙，或者無法與他人互動，由此更可證明沒有社會就沒有語言。那些完全與社會斷絕關係的人，有的是因為個人因素，有的是因為受到環境壓迫。無論是哪一種情形，他們同樣都受苦於語言能力低落或者語言障礙，並且永遠無法獲得學習外國語言的才能。**唯有透過良好的人際互動，語言能力才得以養成，並且維持下去**。

在人類心靈發展的過程中，語言的功能非常重要。邏輯思辨能力的養成，必定建立在口語表達能力之上。邏輯思考能力有助於我們觀念的形成、辨別不同價值觀的差異。觀點的形成與整個社會有關，不是一個人的事。

思想和情感是所有人類共通的能力，唯有認同這一點，我們才懂得思想與情感傳遞的意義。我們看到美麗的事物會喜悅，是因為美的鑑賞力、領悟力、感受力是人類共通的能力，維繫著人與人之間的關係與文明的命脈。

欲望與意志代表一個人的存在。意志，不過是一種用來彌補不適感的心理現象，也是一種用來幫助人們順利適應環境的工具。我們的意志會感受這種心理變化，並跟著改變。**人類所有自主的行為，皆因不適感而生；解決之道，就是彌補缺憾**。

4 社會意識（社會情懷）

我們現在曉得，所有用來確保人類生存的規則，如：法規、圖騰、禁忌、迷信、教育等等，全都必須受到團體觀念的約束、符合團體需求。在前面討論過團體與宗教的關係。我們發現，無論從個人或社會的角度來看，適應團體是心靈最重要的功能之一。所謂的公平正義，以及其他重要的人格特質，說穿了，都是人類為了滿足社會需求而生。這些條件形塑人類的內心世界，主導心靈發展的方向。責任感、忠誠、坦率、喜愛真理等等這些美德的養成與維持，唯有在團體生活中才可能達成。我們只能從社會的觀點來評斷某種人格特質是好或壞。理想的人格特質，好比科學、政治、藝術上的成就，只有確定對全體人類有貢獻，才顯得它的重要性。**我們衡量一個人的標準，主要是看這個人對全體人類有多少貢獻**。一個具有理想人格特質的人，就是我們的比較標準，因為這種人的社會意識很強，無論做事或遇到困難，處理原則都從社會利益的角度下手。

在這個討論過程中，我們慢慢會發現，**一個人在成長過程中，如果對他人無法產生強烈的認同感，這個人的人格發展是不可能健全的**。

第3談

每個人都必須知道自己與他人是一體的

如果想知道一個人什麼個性，就必須從這個人身處的環境、從這個人在某種情況下的表現來判斷。所謂「某種情況」，指的是這個人生命的廣度、他以什麼樣的態度看待自己所處的環境？而在生命裡遇到困難時，他又會如何處理？

我們必須對社會盡義務，社會義務會影響我們的生活規範、生活型態與心智發展。社會的基本架構是一個有機體。個人與社會的交會點，可以從人類的兩性關係看出來。人類透過丈夫與妻子結合成的小團體，來滿足生命的衝動，找到安全感與幸福的保證。我們從孩子漫長的成長過程中發現，生命的發展缺少團體的保護是不行的。生活中的各種義務，需要藉由勞力分工來完成，這樣做不但不會讓人們變得疏離，反而讓彼此的關係更緊密。

人與人本來就要互相幫助，**每個人必須知道自己與他人是一體的**，人際關係即是這樣開展起來。接下來，我們要詳細討論孩子一生下來要面對哪些人際關係。

1——塑形人格的嬰幼期

小孩在成長階段接受他人照顧的同時，會發現這是一個需要付出與回饋的世界。這個世界一方面要求人們必須融入其中，另一方面也會滿足人們的欲望。**克服障礙所帶來的痛苦，可能會使得小孩無法滿足個人本能欲望**。孩子在小小年紀就已經知道，世上還有其他人的生存本領比自己更強，比自己更能順利達成己身的欲望。兒童在成長過程中，需要一個可以發揮統合功能的器官，幫助他們過正常的生活，而這個器官就是心靈。為了做到這點，心靈會評估每一種情況，以滿足欲望、減少障礙為前提，引導人們進入人生的下一階段。這個過程中，小孩在面對他人下令、自己必須服從的場合，可能會誤判形勢，使用過多的氣力應付。

小孩渴望長大、渴望自己與別人一樣強，而且最好比別人更強。如何控制週遭的人，成為他們生命主要的目標。雖然兄長總把年幼的他們視為弱者，但也正是因為他們的弱小，讓兄長覺得有義務照顧他們。弱小的他們會怎麼做，有兩個可能性：一、模仿大人的行為與做法。二、表現出弱小的一面，讓身邊的大人看了忍不住想幫助他們。這類心理傾向的小孩，我們在後面的討論會陸續看到。

人格特質在小時候已經開始成形。有些小孩學習如何掌握權力，學習如何透過勇氣與自我肯定來建立認同感；有的小孩則是相反，他們會利用各種方式來表現出自己的弱點。我們只要仔細觀察每個孩子的態度與行為舉止，就能發現他們屬於上述兩種類型的哪一種。小孩的行為是環境的倒影，我們唯有瞭解每一種人格特質的孩子如何與環境互動，這樣區分類型才有實質的意義。

小孩會努力替自己的弱點找到彌補的方式，這就是人格塑形的起點。感到自己不足是一種動力，很多才華與能力就是這樣產生的。但是，每個孩子的狀況極為不同。在某些案例裡，我們發現，當環境不利於小孩時，小孩會有種感覺，以為全世界都與自己為敵。這是因為孩子的思路尚未周全，才會產生這種偏執心理。假如教養孩子的人沒能及時扭轉這種錯誤的觀念，那麼小孩的心靈以後就會循著這個路線發展，他們會一直以為，這個世界對自己不友善。而在生活中只要一遇到不順遂，就會加深內心這種敵對的印象。身體有缺陷的小孩最容易出現這種情形。這種小孩長大後在環境中的表現，和那些一出生就很健康的小孩不同。所謂的器官缺陷，可能表現在行動困難、器官功能障礙、身體抵抗力差容易生病這些事情上。

小孩不見得只在身體有缺陷，才會在環境中遭遇困難。如果身邊有人對他們有過分的要求，或者以不當的態度下令他們做事，這種情形產生的障礙，與在現實環境中遇到困難是差不多的。如果小孩渴望融入環境，卻突然遇到阻礙，尤其是他們成長的環境本身沒辦法灌輸他們勇氣，甚至瀰漫著悲觀的氣息時，這種氛圍很快就會感染到他們。

2——過多的愛或缺乏愛都是傷害

孩子都可能會遇到各式各樣的困難。而他們處理的方式不當，也很正常。兒童的思維邏輯需要時間成長，但他們在應變能力還不夠成熟的階段，已經察覺到現實環境的條件是無法改變的，他們必須想辦法適應。不同環境下所出現任何錯誤的行為反應，代表了人們在心靈成長的過程中不斷地嘗試，試圖找到正確的反應方式，**生命就這樣在嘗試錯誤中前進，彷彿是一場永不停止的實驗**。我們在兒童身上看到的行為模式，等他們以後長大變成青少年了，也會出現同樣的行為模式。從他們的反應，我們可以洞悉他們的內心世界。但同時，我們也必須知道，和團體的行為一樣，一個人的行為反應都不能用單一的行為模式判斷。

兒童在心靈成長過程中遭遇到的阻礙，通常會扭曲他們的社會意識，或者阻礙社會意識的形成。障礙的形式可分為兩種：有的障礙，是來自於小孩本身物質條件的缺乏，像經濟、社會關係、種族關係或家庭關係異常；有的障礙，則是因為小孩身體有缺陷。而文明的發展以健全的身體為基礎，因此小孩如果身體出現嚴重缺陷，處理生活大小事的能力也會不足——很晚才學會走路、行動出現障礙；很晚才學會說話，因為大腦發育比較遲緩造成行動笨拙等等，都屬於這類例子。所以，這樣的小孩走路經常跌跌撞撞，動作遲緩笨拙，身體和心靈都飽受折磨。這世界沒有考量到他們的需求，對他們的愛不夠。許多問題都是這類成長障礙造成的。當然，只要心靈的痛楚沒有痛苦到讓小孩以後對人生感到絕望，他們日後還是有可能自行建立起一套心理補償機制，不會留下任何心靈創傷。另外，經濟若陷入困境，也可能讓情況變得更複雜。

孩子的能力不足，人類社會的法則超出他們的理解力。看到身邊出現的各種機會，他們充滿懷疑與不信任，所以養成孤立自己、躲避責任的習慣。他們對於生命中的不順遂，感受特別敏銳，常常不自覺將這種感受擴大。他們通常只看到生命的黑暗面，很少注意光亮的一面。他們大都將生命的這兩面過度解讀，一輩子與社會過不去。他們需要別人特別關心；他們很少想到別人，只考慮到自己。他們認為，生命的義務不是行動的誘因，而是找麻煩。他們與人類不合，與環境的鴻溝也持續擴大。於是，他們面對各種人事經驗的態度變得過度謹慎，和現實生活的距離愈來愈遠，不斷替自己製造新的困擾。

假如，小孩沒有從父母身上得到一般人該有的關愛，也會出現類似障礙。只要出現障礙，孩子成長就會跟著出現嚴重的問題。小孩這種態度會變得根深蒂固，他們不懂什麼是愛，也不懂怎麼愛人，因為他們愛人的本能沒有被開發出來。

在成長的階段，孩子如果從家庭得不到應有的關愛，要鼓勵這樣的小孩向他人表達關懷是不容易的。他們的人生觀是退縮的，會迴避任何形式的愛與關懷。然而，要是父母、老師或者其他大人見解有誤，告訴他們表現愛與關懷並不恰當、會被人嘲笑，是柔弱的行為，也會對小孩形成障礙。我們發現，許多小孩自小被教導，對他人表示關懷是柔弱的表現。那些經常被人嘲笑的小孩最容易出現退縮的行為。這樣的孩子完全不敢表達自己的情緒或感受。因為，他們擔心對他人表達關心會被人嘲笑，也不願意對他人表現出應有的關懷，唯恐這樣做會令自己失去自由和尊嚴。

像這樣失去愛人的能力，可能在小時候已經成形。因為小孩被灌輸，任何形式的愛都該被斷絕與壓抑。這種無情的觀念，造成小孩不願融入環境，漸漸失去與他人互動的機會，但這樣的機會對一個人的心靈來說非常重要。如果週遭有人對他們表示善意，他們就會與對方結為好友。這就是為什麼有的人長大後朋友只有一個。這種人交朋友，從不會超過一個。以前述的例子來說，那位男孩發現母親只疼愛弟弟，覺得受到冷落，所以一輩子都在找尋童年失去的溫暖和關愛。這個案例說明了這類型的人可能遇到的問題，他們在成長過程中一定倍感壓力。

在孩子的成長過程裡，如果給予太多的愛或完全不給愛，都會造成傷害。一個被寵壞的小孩和一個沒人疼愛的小孩，遇到的困難一樣多。被寵壞的小孩渴望他人疼愛的欲望永遠無法滿足，他們會把別人強留自己身邊，不讓對方離開。愛的意義在生活經驗中被曲解與過度放大，小孩誤以為可以用愛對身邊的大人產生約束力。要做到這點很容易，他們只要對父母說：「我愛你們，所以你們必須幫我把所有事情打理好。」過度疼愛小孩的家庭很容易養出這種想法的小孩。小孩只要察覺有人容易這樣被約束，就會表現更多的愛來強化自己對他人的約束力。

教養小孩的過程中，如果出現這種對特定對象依戀特別深的情形，一定要小心。這種教養方式對小孩以後一定會造成不良影響，他們一生會不擇手段地努力抓住別人的愛。為了達到目的，他們不會放過任何可行的方法。他們可能會想辦法迫使對手、或者兄弟姊妹順從自己，也可能一心想著如何搬弄是非。這樣的小孩可能會煽動兄弟姊妹做壞事，以突顯自己的傑出與正直，獨自佔有父母的愛與讚許。他們會對父母施加某種社會壓力，逼得父母親把注意力全放在自己身上。為了達到目的，他會使盡各種招數讓自己成為關愛的焦點，顯示出自己最重要。他也可能表現出懶惰、頑劣的一面，只為了讓父母忙著照顧他。他也可能搖身一變，當個模範兒童。因為，讓父母只注意到他們，就是一種獎勵。

在討論過種種心理防衛機制之後，我們可以下這樣的結論：**人類心靈活動的模式一旦定型，**

為了達到目的會不擇手段。為了達到目的，小孩可能出現反社會的傾向，也可能變成模範兒童，但目的是一樣的。我們經常發現，有的小孩會故意使壞，藉此成為焦點；有的小孩比較聰明，會表現出好品德的一面，藉此達到相同的目標。

至於那些被寵壞的小孩，我們還可以從中再歸納出另一型：在成長過程中，所有障礙都被代為排除的小孩。因為保護過度，孩子的能力被削弱了，承擔責任的機會被剝奪了，長大成人的必經之路被斷絕了。如果遇到有人想認識他們，他們會因為沒受過類似的教育，而不曉得怎麼與他人互動。這樣的孩子在錯誤的教養方式下長大，造成人際關係出現障礙。這樣的小孩面對生命完全不知所措，沒有機會學習如何克服障礙，一旦走出家庭這個溫室與小小城堡，必會遭遇嚴重打擊。外面沒有人會像家裡那些寵愛他們的大人一樣，代為扛下責任重擔——即便有，也做不到相同的程度。

這類型的孩子會遇到相同的問題：他們會因為自己某些特點，而陷入程度不一的孤立狀態。舉例來說，腸胃功能有問題的小孩，營養的攝取與他人不同，是故成長過程與健康的小孩也完全不同。同樣地，器官缺陷的小孩，由於生活型態明顯與他人不同，也容易陷入孤立。有的小孩則是不曉得怎麼融入環境，所以會想辦法避開。這樣的孩子找不到同好，也不和朋友一起玩；

他們會忌妒自己的同伴，厭惡同年齡朋友玩的遊戲，寧可關起門來自己玩。

孩子在成長過程中，如果受到嚴格管教，也容易孤立自己。他們認為，生命中沒有一件事是順利的，以後也不會遇到什麼好事情。有的人覺得，自己必須默默忍受苦難，虛心承受不幸的際遇；有的人覺得，自己是生命的鬥士，既然環境與自己是對立的，他們必須隨時準備迎向環境的挑戰。這樣的孩子覺得人生責任多，困難重重，所以他們把心思都用在捍衛個人疆界，以免自尊受到打擊。在他們的眼中，外面的世界並不友善。於是，他們變得過度謹慎，開始養成遇到重大困難就閃避的個性，不願面對危險，以免遇到挫折。

這些被寵壞的小孩還有一項共同特徵，就是——社會意識低落，凡事只想到自己，很少想到別人。有這種特質的人，對世界的觀點只會愈來愈悲觀。除非他們能修正自己錯誤的行為模式，否則一輩子也快樂不起來。

3——我們都是社會的一分子

我們在前面花了不少篇幅解釋，**如果想知道一個人什麼個性，就必須從這個人身處的環境、從這個人在某種情況下的表現來判斷**。所謂「某種情況」，指的是這個人生命的廣度、他以什麼樣的態度看待自己所處的環境？而在生命裡遇到困難時，他又會如何處理？像是：工作的挑戰、友誼、平常與人相處等等。由此，我們知道，**一個人從嬰幼兒階段起與外界互動產生的種種印象，會決定這個人一輩子的人生觀**。我們甚至在小孩出生不久，就能知道他們會有什麼樣的人生觀。同樣出生不久的兩名嬰兒，已經展現明確的行為模式，愈長大愈明顯，不可能分辨不出來。而且，這些行為模式完全不會改變。

漸漸地，小孩的內心世界充滿各種人際關係的印象。社會意識是與生俱來的第一個證據，可以從嬰幼兒已經會找大人疼愛這一點看出來。小孩的愛一定是針對他人，不像佛洛伊德（Freud）說的，是針對自己的身體。每個人對情欲需求的程度不同，表現方式也不同。只要觀察兩歲大的孩子講話，就可以看出這種差異。只有當人們的精神遭受到嚴重打擊，在童年成型的社會意識才會消失無蹤。否則，社會意識會一輩子跟著我們。我們的社會意識有時會起變化、會改變表現方法、會受限；有時它的觸角會擴大延伸，涵蓋的不僅是家人，甚至是整個家族、國家，以及全人類。社會意識的投射可以跨越所有界線，擴及動植物、無生命物體，乃至全宇宙。我們從研究中明瞭，必須從社會的角度來看待人的存在。只要掌握這個要點，瞭解人類行為就更有著力點。

第4談

我們居住的世界

每個人心中都有個目標，這個目標會決定我們做的每一件事，也會影響我們某些心靈能力所做的選擇、展現的強度、外顯的行為。心靈能力形塑我們身處的世界，賦予意義。這點說明了，為什麼對於生命中的某個片段、某個事件，以及自身居住的環境，每個人感受都不同。

1——感官幫助我們認識世界

我們的心靈能夠接收外界各種訊息並產生印象，有助於我們改變自己，適應環境。來自外界的印象經過解讀之後，心靈會根據解讀的結果，以及童年就已經建立的理想行為模式，設定目標追尋。雖然，我們無法精準地表達自己怎麼解讀這個世界，還有這個目標又是什麼，但可以肯定的是，這是一種持續存在的氛圍。而且，這種氛圍與自卑感形成明顯對比。一個人沒有目標，心靈也不會成長。**設定目標，代表一個人有能力改變自己，擁有某種程度的行動自由**。行動自如能夠刺激心靈的成長，這一點不容輕忽。小朋友第一次從地面站起來的那瞬間，等於一腳踩進了新世界，但也隱約感覺到這個世界似乎不太友善。從他們第一次嘗試移動身體，尤其是準備站起來學習走路時，面臨了各種不同的障礙，這些障礙可能讓他們對未來充滿信心，也可能摧毀他們的信心。那些大人不以為意或者認為很普通的事情，很可能對孩子的心靈造成極大的影響，甚至完全扭轉他們對這個世界的印象。

行動不便的小孩在心中替自己描繪的理想形象，多半與權力、速度有關。只要問問他們最喜歡玩什麼遊戲，或者長大後想當什麼，我們就可以知道他們理想的自我形象為何。這些小孩通常會回答說，他們長大想當火車頭技師之類的工作，這說明了他們渴望克服行動不便所造成的各種障礙。他們一生最想達成的目標，就是可以自由自在地行動，消除自卑感和行動不便的感覺。發育遲緩或者體弱多病的小孩，對於行動不方便的感受最深刻。同樣地，那些生下來眼睛有缺陷的小孩，最常用強烈的視覺印象來描述世界。有聽力障礙的小孩特別偏愛悅耳的聲音，簡言之，他們喜歡有旋律的音聲。

小孩為了在這個世界取得最有利的位置，最依賴的工具就是感知器官，因為感知器官架構起小孩週遭的人際關係。**人們透過感知器官建構起自己身處的世界**。尤其是眼睛，用眼睛接觸這個世界；視覺印象具有絕對優勢，最容易引起人們的注意，它會從人們的經驗提供重要的訊息。外在環境留下的視覺印象也很重要，因為眼睛提供的影像恆久不變，但是其他知覺器官，像：耳朵、鼻子、舌頭和皮膚卻只對短暫的刺激起作用。話雖如此，對有些人來說，耳朵才是優勢器官，他們的訊息來源主要來自聽覺。所以我們可以說，這種人的心靈依賴聽覺模式。

我們比較少看到以行動力為優勢的人。對嗅覺和味覺刺激比較敏感的人，屬於另一類型，比前一型的人多。嗅覺比較敏銳的人，比較少見。此外，有的小孩屬於肌肉發達型，這類孩子的特點是比較靜不下來，習慣跑來跑去，長大後活動量也比較大。這類型的人只對運用肌肉的活動感興趣。他們的活動力甚至表現在睡覺的時候，比方說，睡覺時翻來覆去。我們把這類小孩歸類為「躁動不安」。而過動，通常被視為缺點。

總的來說，當小孩在認知這個世界時，幾乎都會偏好使用某一個器官或者器官系統，像是知覺器官或者運動器官。小孩利用自身比較敏銳的器官來收集外界訊息，產生印象，再根據這些印象架構起週遭的世界。所以，我們如果想瞭解一個人，就必須知道這個人慣用哪一個知覺器官或者器官系統來認識環境，因為這是我們認識世界的管道。遇到器官缺陷的人，我們必須先弄清楚器官缺陷，對於這個人在兒時形成的人生觀與世界觀、對於他們未來的成長，產生什麼影響，才有辦法瞭解他們行為反應背後的意義。

2——我們眼中的世界

每個人心中都有個目標，這個目標會決定我們做的每一件事，也會影響我們某些心靈能力所做的選擇、展現的強度、外顯的行為。心靈能力形塑我們身處的世界，賦予意義。這點說明了，為什麼對於生命中的某個片段、某個事件，以及自身居住的環境，每個人感受都不同。我們只在乎，與個人目標相關的生命經驗。如果不清楚一個人內心潛藏的目標是什麼，我們就無法對這個人的行為有通盤的認識；如果不曉得一個人的目標，對於他們做的每件事造成什麼影響，我們就無法客觀評斷這個人的行為。

知覺

來自外界的印象與刺激，會經由我們的感知器官傳給大腦，部分印象與刺激會殘留在大腦裡。大腦再利用這些殘留的印象，創造出想像力和記憶的世界。但是，感官知覺產生的印象，和照片的影像完全不一樣。因為人是產生知覺作用的主體，所以知覺經驗會染上個人色彩，有其獨特之處。眼睛看到的東西不見得等於知覺經驗。請兩個人看同一張照片，如果問他們看到了什麼，得到的答案很少是一樣的。

小孩對週遭環境產生的知覺經驗，受限於他們過去在各種情況下建立的行為模式。視知覺的發展比較健全的孩子，他們的知覺經驗會表現出強烈的視覺特點。絕大多數人的大腦都偏重視覺訊息，但有的人聽知覺比較敏銳，依賴聽覺創造自己的世界。我們的知覺經驗不見得與現實環境完全相符，因為每個人會重新架構、重組自己與外界的關係，以符合自己的生命模式。

每個人展現的獨特性，就在於知覺作用產生的經驗不同，形成的方式也不同。知覺作用不單單只是物理現象，也是一種心理現象，而從心理現象我們可以看清一個人的內心世界。

記憶

心靈成長以知覺經驗為基礎，與人類的行動力息息相關。心靈的本質，與人類能否自由行動關係密切；個人的目標與行動的目的，會決定一個人的作為。人們必須蒐集來自外界的訊息，從中組合出自己與環境的關係。**心靈是一種人們用來適應環境的器官，它必須開發出所有與自我防衛相關的能力，幫助自己生存下去。**

我們的心靈面臨生活各種問題所產生的各種反應，會在心靈結構留下痕跡。**記憶就是在這種情況下產生的能力，它的功能就是幫助人們適應環境**。沒有記憶，就不可能防患未然。所以我們可以說，記憶具有一種潛意識的目的性。記憶不是一種偶然的現象，它會傳遞明確的訊息，比方說，鼓勵或警告。記憶具有選擇性，不會沒有任何意義地隨便就蹦出來。我們只有確定回憶的目標與目的是什麼，才可能知道它的意義是什麼。我們不太需要知道，為什麼有些事你會記得，有些事則會忘掉。我們會記得的事情，通常是因為有心理上的需求。因為，記憶會暗自推動某件重要的事情。而那些無助於實現目標的事情，我們全會忘記。所以我們發現，為了某種目的而產生的適應行為，會主導記憶的形成；**個人理想的目標會形塑個性，也會影響記憶的形成**。一件記了許久的事，即便記憶已經扭曲，只要這個記憶是有助於實現個人目標，就會從我們的意識層面移出，形成一種觀點或者情緒基調，甚至是人生觀。童年的回憶就存在很多這類偏頗不實的片段。

想像力

想像力與幻想創造出來的東西，最能表現個人的獨特性。**所謂想像力，指的是知覺作用的對象不在眼前的情況下，產生的知覺印象**。換言之，想像力是知覺經驗的再造，這點又證明了心靈是有創造力的。但是，想像力的產物不僅僅是過往知覺經驗複製的結果，它是以知覺經驗為底稿所生，全新且獨特的產物。而知覺經驗本身又是根據身體感覺器官而生，也是心靈創造出來的。

幻想世界比想像世界更逼真。幻想產生的影像非常鮮明，最後會跳脫幻想的層次，影響一個人的行為，就好像刺激感官作用的物體就在眼前。所以，當人們幻想出實際並不存在的人事物，這就是幻覺。產生幻覺的條件和白日夢大致相同。幻覺是心靈的精心傑作，都是根據一個人生命的目標創造出來的。我們以下用案例來說明：

有位聰明的年輕女子，不顧父母反對就結婚了。她的雙親為此非常生氣，徹底與她斷絕往來。時間一天天地過去，女子開始覺得，父母親完全不關心她。雖然雙方多次試著講和，但最後還是因為彼此都放不下尊嚴與固執而破局。

這位來自富有人家的年輕女子，因為婚姻變得一無所有。但在旁人眼裡，她的婚姻並沒有出現任何不幸福的徵兆。大家都以為，她應該已經適應了婚後的改變，直到她的生活出現不尋常的現象，才發現並非如此。

女子從小便是父親的掌上明珠，雙方原本非常親密的關係如今出現裂痕，更加凸顯目前局面的惡劣。父親由於這樁婚姻對她很不好，彼此嫌隙愈來愈深。即便女兒生子，父母也不為所動，不願探望女兒或孫子。女子覺得父母太狠心，對這件事耿耿於懷。她原以為，這是自己獲得諒解的好機會，如今卻落空了，父母的態度深深刺傷她的心。

這名女子的母親個性嚴謹、道德觀很強，管教女兒的方式也相當嚴格。本身具有美德的她，懂得如何在順從丈夫（至少表面上她做到了）的同時保住自身顏面。她有個特點，就是她的順從挾帶著一絲驕傲感，她把順從丈夫當作一種榮耀。

在這個家庭中，成員還有一個兒子，他被公認是父親的翻版，未來的繼承人。但由於父母比較重視兒子，使得這名女子的控制欲變得更強。女子在倍受呵護的環境中成長，可是現在卻因為結婚嚐到貧窮困苦的滋味，更令她不時想到父母對自己有多麼殘忍，不滿的情緒也因此增長。從其人格特質不難看出，為什麼與父母失和會對她造成這麼深的影響。

某晚，她在入夢前看到房門打開，聖母瑪麗亞來到她床前，並說：「因為我很愛妳，所以我必須告訴妳，妳將在十二月中死去。我希望妳提前作好準備。」

女子並沒有被這個幻影嚇到，她叫醒丈夫，並告訴他這件事。隔天早上，她去看醫生時，也將這件事告訴了他。這是幻覺，但女子卻堅信自己親眼所見、親耳所聞。乍看之下，這似乎很難理解。但當我們用心理學的角度來看這件事，就清楚多了。事情是這樣的：女子的控制欲很強，而且從她的病歷來看，她本來就有控制他人的傾向。後來，她與父母親的關係決裂，陷入貧窮的困境。一個希望每件事都在自己掌控之中的人，通常會親近神，並與祂對話。假如聖母瑪麗亞繼續以人們祈禱的對象活在心中，那麼這個案例也就沒什麼值得注意的地方。但是，這名女子的情形沒這麼簡單。

一旦我們看清楚心靈在玩什麼把戲，這個現象就一點也不神祕了。其實，當我們做夢時，不也出現和女子類似的情形？不同的是，女子可以睜著眼睛做夢。我們必須補充的是，女子的情緒很低落，這會讓她的控制欲更強。現實環境中的母親棄她不顧，所以另一個母親來看她了，一位世上公認最偉大的母親。兩位母親形成明顯對比。因為女子母親不來探望，所以上帝之母來了。這個幻影的出現，代表女子在控訴母親對自己的孩子愛得不夠多。

女子一直想證明，她的父母親錯了。十二月是個非常特別的月份。每年的這個時候是人們最易想起親友的時間，人們會聚在一起、互相贈禮等等，氣氛溫馨。這也是個人們容易講和的時期，所以我們可以理解，這個季節對目前身陷困境的女子而言，意義特別不同。

這個幻覺只有一點不尋常：溫柔的上帝之母走向她，竟然捎來女子不久人世的壞消息。而且，當女子告訴丈夫看到這個景象時，語氣是快樂的，這點很奇怪。這個預言很快地在女子狹小的家族裡傳開，她的母親當然親自登門探望了。

幾天後，聖母瑪麗亞再度出現在她面前，說了同樣的話。當我們問女子與母親會面的結果如何，她卻回答，母親不肯承認自己錯了。於是，我們看到舊主題重演：她想控制母親的欲望還沒達成。

這一回，我們總算讓她的父母瞭解女兒的實際狀況，父女終於會面，場面溫馨，但女子仍是不太滿意。她說，父親的態度有些做作，抱怨父親讓她等太久了。她的目的已經達到，但還是改不了習慣，一直想證明別人是錯的，自己是對的，也一定要當贏家。

幻覺這個問題一路討論下來，我們現在可以做個小結：當精神壓力到了頂點，當人們擔心自己的目標無法達成，這時最易產生幻覺。從前在開發比較落後的地區，幻覺對人們造成不小的影響。

在遊記文學作品，關於幻覺的描述很常見。譬如，沙漠中的旅人迷失方向，在又餓又渴又累的情況下看到海市蜃樓。在性命交關的時刻，壓力愈來愈大，旅人痛苦得受不了，想像力發揮作用，創造出明亮的畫面來提振精神，逃離現實環境的壓迫。海市蜃樓代表一種新的環境，鼓勵疲憊的旅人打起精神、堅定意志、變得更堅強更敏銳。此外，幻覺也像鎮定劑，可以舒緩旅人的痛苦與恐懼。

我們不是第一次提到幻覺這個問題，在前面討論記憶的心理機轉與想像力的時候，就已經提過類似的現象。之後我們討論夢境時，會再次提到這個問題。**只要強化想像力、阻斷大腦的判斷力，兩者加起來就會產生幻覺。**

當我們面臨危險、壓力，或者能力受到威脅的時候，就會想辦法消除這種脆弱的感覺，於是幻覺這個機制便啟動了。壓力愈大，判斷力愈差。在這種情況下，任何人都會想要自救，運用心靈的力量，將想像力變成幻覺。

錯覺（illusion）與幻覺（hallucination）很類似，唯一的差別在於，錯覺的產生，涉及當事人與外界的互動，但看事情的角度並不正確。至於潛在的狀況、心靈的危機感，兩者是相同的。我們現在用另一個案例來說明，心靈如何在必要時創造錯覺或幻覺。

有一名男子家世很好，但因為念的書不多，出社會只能當個小職員，沒什麼成就。他想，這輩子想要揚名立萬是沒指望了，感到很絕望，心情也沉重，加上朋友的責難，使他壓力更大。也因此染上了酗酒的習慣，用以忘憂，當作失敗的藉口。一段時間後，他出現了「震顫性譫妄」（delirium tremens）的症狀，被送醫治療。譫妄類似幻覺，酒精中毒引起的譫妄症患者，容易幻視到小動物，像是老鼠、昆蟲、蛇等等。患者也可能出現與自身職業相關的幻覺。

這位患者以前病發時，由幾位醫師一同治療，要求他絕對禁酒。他們對男子施行一連串嚴格的治療，他後來成功戒酒，似乎是治癒了。出院後，男子三年都沒有碰酒。這段期間，他找了一份開鑿溝渠的工作。後來，他因為其他症狀回診。他說，他常常看到一個男子奸笑、斜眼盯著他工作。有一回，他實在受不了，便拿起鑿子朝對方丟過去，想看看那個人到底是真人還是幻影。結果幻影閃過攻擊，並且上前攻擊，痛打患者一頓。

在這個案例中，幻影會揮拳打人，並非單純的幻影。解釋這種情形不難，因為這個人習慣性有幻覺，但這回他真的把鑿子扔到真人身上。雖然他已經戒酒，不過自從上回出院之後，他的意志卻更消沉了。男子丟了工作，被趕出家門，現在只能當個日班臨時工人勉強餬口。他自己和朋友都覺得這是一份非常卑賤的工作。男子的精神長期處在緊繃狀態，壓力未曾減輕。他戒了酒，卻失去「酒」這個重要的慰藉，情況也變得更差。沒有酒，他的工作也做不下去。當他下班回家，被家人斥責一事無成，比起被嘲笑能力太差、找不到好工作，拿酒癮當作藉口，感覺還沒那麼丟臉。上回治療結束，他被逼得再度面對現實，發現情況沒有以前來得容易應付。萬一這回失敗了，就再也沒有東西可安慰自己，也沒有「酒」能當他的擋箭牌。

在這樣的心靈危機之下，幻覺又出現了。他以為，自己現在仍是從前那副模樣，用酒鬼的心態來看待世界。他想用這種心態向世界大聲宣布——自己的一生被酒精給毀了，一切已經無法挽回。他不願意面對自己是個挖水溝工人，這種沒尊嚴、沒人喜歡的職業，便想用生病來逃避現實，再也不用煩惱工作。

男子陷入這種幻覺很長一段時間，直到再度被強制送醫。現在，他可以這樣安慰自己，要不是酗酒毀了他的一生，他老早成就一番事業了。這種心理機制有利於維護個人尊嚴。他寧可失去工作，也不願失去個人尊嚴。他所作的一切，都是為了堅定自己的想法：如果不是因為酗酒，他已經出人頭地。這樣想，就可以讓男子在權力關係中保住自己的地位，想像自己和別人一樣優秀，但只是陷入困境罷了。他拼命找尋一個可以安慰自己的藉口，所以產生了幻覺，看到一個斜眼瞪人的男子。這個幻影成了他自尊心的救星。

3——幻想是一種心靈的創造力

幻想也是心靈創造力的一種。前面討論過，很多心理現象都可以看到幻想運作的痕跡。有些記憶會投射形成清晰的意識；有些則會形成奇怪的上層結構意識，如：想像力、幻想、白日夢等精神現象，這些都是心靈創造出來的。舉凡能夠運動的生命體，皆具備預感和預測這種基本能力，都是幻想的基本元素。**幻想與人類的行動力關係密切**，純粹是一種想像未來的方法。

小孩與成人的幻想，有時又稱為白日夢，通常與未來有關。這種心理活動的目標，在於打造出虛幻的「空中樓閣」，作為現實生活行動的藍圖。我們從小孩的幻想世界發現，爭取權力是關鍵主題。孩子在白日夢裡實現自己高人一等的願望。小孩幻想的時候，通常會這樣說：「等我長大了……」許多成年人幻想的時候，看起來也是一副自己還沒長大的樣子。幻想世界的主題是爭取權力。由此可知，**人活著一定要有目標，否則心靈不會成長**。

在我們的文明裡，這種目標指的多半是獲得社會認同或者社會地位。人不可能長期處在目標不明確的狀態下，只要活在團體中，就會不斷自我評比，希望自己比別人強，把他人比下去。孩子最常見的幻想形式，就是想像自己未來是個有權力的人。

我們無法為幻想歸納出任何原則，因為幻想的程度與想像力馳騁的範圍，完全沒有道理可循。這套道理在許多案例說得通，但是對於其他案例可能不適用。小孩如果對生命充滿敵意，幻想的本事就會發揮到極點，敵對的心態會激得他們發展出自我防衛的機制。弱不禁風的小孩往往不快樂，所以幻想的本領特別強，習慣沉溺在一人世界。到了某個人生階段，幻想可能成為他們逃離現實生活的方法。幻想可能被濫用，被用來表達對現實的不滿，並讓人們沉溺在權力的快感，將人們從平凡的現實生活帶離。

在幻想世界裡，社會意識和爭取權力是重點。當小朋友幻想自己擁有權力時，通常把權力用在社會層面。我們很容易從他們幻想的內容發現這個特點。小朋友經常幻想自己是救星或善良的騎士，戰勝惡勢力與惡魔的迫害。也常常幻想自己不是家裡的一員。很多小孩認為，自己來自另一個家庭，有一天親生父母——某個大人物——會來接他們回家。這種情形最常出現在自卑感強烈的小孩。他們覺得自己一無所有，只能躲到沒人注意的角落。他們很失望，覺得家人對自己的愛與關懷給得都不夠多。小孩希望受人重視的想法，經常以另一種行為表現出來：

裝大人。有時，這種幻想會出現近乎病態的行為。譬如，有的小孩為了看起來像個男人，一定要戴上圓頂硬禮帽，或四處撿煙蒂。小女孩會想表現出陽剛氣息，舉止和裝扮都像個男生。

有人說，有的小孩沒有想像力，這當然不可能。這些小孩只是沒有表現出來，或者有其他原因逼得他們壓抑想像力。有的小孩壓抑想像力，以為這樣比別人強。在適應現實環境的過程中，他們覺得幻想是幼稚的行為，所以抗拒幻想。這種厭惡幻想的心態發展過了頭，最後就是一點想像力也沒有。

4——夢的概說

除了前面討論過的白日夢，我們還必須談談另一項重要的心理活動：晚上睡覺時所做的夢。夜晚睡覺的夢通常是白日夢境模式的重複。心理學界的前輩說過，從一個人做的夢就可以看出這人是什麼性格。有史以來，做夢在人類的思維活動佔了很大的比例。和白日夢一樣，我們認為，**夜睡的夢同樣代表了當事人對未來的想法與計畫，希望獲得安全感**。兩種夢最大的差異在於，白日夢比較容易理解，晚上睡覺做的夢比較不易理解。夢本來就難以理解，沒什麼好奇怪，但是我們容易因此認為夢是多餘且不重要的。不妨這麼說，一個人為了追求權力，會想辦法克服困難，確保未來的地位，這一切的努力都反映在夢境。夢境有助於我們瞭解一個人的內心世界出了什麼問題，所以相當重要。

5——同理心與認同感

心靈不僅可以感知現前已知的人事物，還可以感受、猜測下一刻會發生什麼事。這就是預知得以發揮作用的主要原因。預知，是任何能夠自由行動的生命體所必備的能力。因為生命體在適應環境時，經常會遇到問題，必須應變。這種預知能力，與同理心或認同的關係密切，人類這種能力已經發展得非常完備。同理心涵蓋的範圍很廣，任何一種心靈活動都和它有關。生物求生存的第一要件，就是具備預知能力。假如遇到某種情況，逼得我們必須預先判斷、提早準備下一步該怎麼做，這時我們必須學習如何透過思維、感受、覺知三種能力的交互作用，在某種狀況下做出正確判斷。我們必須學習建立自己的觀點，等下回遇到不同狀況時，就會曉得究竟是要努力應付，還是小心地避開為妙。

同理心發生於一個人對另一個人講話時。如果我們不能認同對方，也就不可能瞭解對方。

戲劇就是一種能夠引起同理心的藝術形式。同理心的例子在日常生活隨處可見，比方說，看到有人遭遇危險，自己也會莫名地不安。即便自己並不會遭遇危險，同理心有時卻可能強烈到讓人不由自主地出現防衛舉動。像是，看到有人手中的玻璃杯掉落時，旁人會不自覺地做出保護的動作；在保齡球館，有些人擲球時，身體會隨著球運行的方向移動，好像身體這樣動，就能左右球的行進路線。同樣地，足球比賽進行當時，觀眾席某區塊的人會全部朝己方球隊的方向擠過去；當敵方球隊控球時，觀眾會有喝倒采的舉動；車輛行進時，乘客只要覺得前方可能有危險，也會不自覺地做出煞車的假動作。當人們經過一棟正在清洗窗戶的大樓，幾乎每個人都會全身緊繃，做出保護自己的動作。或是，當演講者突然台風不穩，講不下去時，台下的觀眾也會感到不安、尷尬。在戲院時，我們很容易與演員產生共鳴，在心中演遍各個角色。同理心這種能力，對我們的一生影響很大。這是一種在行為與感受裡假裝自己是別人的能力。如果想知道它的源頭在哪裡，我們會發現這是與生俱來的能力，也就是**社會意識**。這是一種全人類共同的感受，萬物一體的世界觀，每個人都有這種能力；因為有同理心，我們才能對自身以外的事物感同身受。

不僅社會意識有程度上的差別，同理心也有。只要觀察小孩就能證實這點。有的小孩玩洋娃娃，會把娃娃當作人看；有的小孩對洋娃娃怎麼製造出來的比較好奇。如果人們把群體關係投射的對象，從人轉移到比較不重要或者無生命的物體，個體的成長可能會完全停止。從小孩虐待動物的案例來看，我們發現，只有社會意識近乎零、對其他生命缺乏同理心的人才會這麼做。欠缺同理心的小孩在成長過程中，不會積極學習如何融入社會。他們只想到自己，對他人的快樂與哀傷漠不關心。我們如果不能站在他人立場看事情，不能以同理心待人，最後可能會完全拒絕與他人合作。

6——催眠與暗示的背後意義

「一個人為什麼可以影響另一個人的行為？」關於這個問題，從個體心理學的角度來看，答案是：這是因為人們容易相互影響，是內心世界表現在外的現象。人與人之間如果少了這種影響力，團體生活也就不存在。這種影響力在某些場合特別明顯，例如：師生關係、親子關係、夫妻關係。由於與生俱來的社會意識，每個人多少都願意接納他人看法。這種意願的高低，取決於具有影響力的一方，是否考量到受影響的一方之權益。我們如果意圖傷害他人，這種影響力不可能持久。**只有接收方覺得自身權益受到保障，我們才可能對他們發揮最大影響力**。這是教育一個很重要的觀念。教育的方法很多種，但教育制度若能把這一點列入考量，效果會更為顯著。因為，這種做法訴諸於人類的原始本能——自己與他人、天地是一體的。

這個做法只有遇到那些刻意遠離社會影響力的人才會失效。人們會選擇避世並非偶然，可能是因為戰爭打了太久，造成人們與世界的聯繫漸漸消失，最後乾脆與社會疏離。這時，無論用什麼方法來改變他們，不是相當費力，就是不可能。如果有人執意影響他們，只會引發他們強力反彈，場面會很難堪。

一般人可能認為，通常受到環境壓迫的孩子會對於他人的教導沒有回應。但實際上，正因為外在的壓力太大了，反而排除所有阻力，令他們願意服從權威的指導。然而，我們很容易看出，這種性質的服從對社會沒有幫助，它會使一個人變得很奇怪。**人們之所以不曉得怎麼生活，就是因為這種盲目順從的習慣，剝奪他們獨立行動與思考的能力**。養成唯命是從的習性相當危險，因為孩子一旦適應了這種模式，等長大後，若是任何人下令都聽命，就也可能容易被教唆犯罪。

幫派組織就屬這類引人注意的例子，執行幫派命令者即為這類型的人。幫派老大通常不會親自參與犯罪，但幾乎所有與幫派有關的重大刑案，都可見這樣的盲從者傻傻替人揹黑鍋。這些人盲從的程度，有時近乎不可思議，竟然覺得卑躬屈膝是值得驕傲的事，一種滿足個人自尊的方式。

如果我們只討論正常情況下的人際影響力，會發現最通情達理的人、社會意識比較健全的人，最容易受他人影響。相反地，愈渴望優越感、支配欲愈強的人，愈不易受他人影響。這類例子每天都看得到。

父母抱怨小孩，很少是抱怨他們太聽話，大多數都是抱怨小孩很叛逆。研究顯示，叛逆的小孩最喜歡抗議行動不自由，想要克服環境的束縛。由於長期在家裡被錯誤地對待，他們難以接受教育的影響。

愈積極追求權力的人，愈不容易接受他人教導。大抵而言，家庭教育會激發孩子的企圖心，他們開始變得自大。孩子會出現這些行為，不是因為思慮不夠周全，而是因為我們的文化瀰漫著自大妄想的氛圍。我們的家庭，乃至於整個社會，都將注意力放在表現最傑出、最耀眼，能力最強的人身上。在後面探討虛榮心的章節裡，我們會證明，這種過度強調虛榮心的教育方式，對於個人融入團體是非常不利的，**企圖心對於心靈的成長會造成阻礙**。

那些習慣對他人完全順從的人，就好像被催眠者，容易隨著外在環境條件而改變。隨便一個人指揮我們做什麼，我們都照做，這怎麼可能！催眠，就是根據這種隨時就緒的心理狀態進行的。或許有人自稱或者相信自己很容易被催眠。但是，一個人是不是容易被催眠，從表面上看不出來。有的人在意識層面會抗拒催眠，但潛意識裡願意被催眠。所以，能否順利催眠的關鍵，在於被催眠者的心態；至於他們說什麼、想什麼都不重要。一般人對於這點認識不清，對催眠有諸多誤解。我們的重點會放在那些表面上努力抗拒催眠，可心底卻願意接受催眠指令的人。是否容易被催眠與催眠的功效皆因人而異，絕非催眠師的意志可以控制的。

催眠本質上與睡眠有些類似。催眠似乎很神祕，純粹由於這種睡眠狀態是經由他人指令達成。而且，催眠指令只有對願意聽令的人才有效。因此，重點還是在被催眠者的本質和個性。

人們唯有放下批判，遵循他人指令，才可能進入催眠狀態。催眠與一般睡眠不同之處，在於催眠能操縱當事人的肢體運動，甚至連對方的大腦運動中樞都聽令於催眠師。所以催眠是一種半睡半醒的狀態，當事人只記得催眠師允許他們記得的事。在催眠狀態下，人們的批判力——心靈最寶貴的特質——完全起不了作用。被催眠的人變成催眠師的工具，功能運作受制於他人的身體器官。

那些有能力控制他人者，經常宣稱這種能力源自於個人獨有的神祕力量。這種說法造成的危害很大，尤其舞台催眠表演和心電感應術。這些江湖術士作惡多端，擅長利用各種手段來達到目的。然而，並不是所有懂得催眠術的人都是騙子。不幸的是，人類很容易聽任擺佈，只要遇到一些自稱有超能力的人，就容易上當。太多人不經查證就輕易相信權威。大眾容易被愚弄，喜歡不經理性的分析，隨隨便便就相信詐術。意圖不軌的催眠術無法為人類社會帶來和諧，最後只會逼得那些上當的人群起抗議。這種催眠師遲早踢到鐵板。一些自稱願意被催眠的人常常找上門，將他們耍得團團轉。

有時，催眠會出現真假參雜的情形，也就是說，被催眠的人自願被騙也騙人。他們在順從催眠師的同時，也帶有幾分愚弄對方的成分。催眠之所以會起作用，絕對不是催眠師的緣故，而是被催眠者願意聽從指令被催眠。能把人催眠的，不是什麼神奇的力量，我敢說，有的催眠師肯定在唬人。一個理性、凡事自己做決定的人，不會把別人的話照單全收，一定會經過思索。這種人不容易被催眠，也不想催眠別人。總之，催眠術與心電感應術，只不過是逼使他人乖乖順從的手段罷了。

在這裡，我們必須談一談暗示（suggestion）。我們把暗示納入印象與外來刺激的範圍內討論，會比較容易瞭解。外來的刺激不是久久才會遇到一次，我們每天經常要面臨眾多來自環境的刺激。感官接收這些刺激或誘因後，其實會對我們有影響。收到刺激訊息會產生印象，對我們持續發揮作用。**如果有人把這些印象具體化，以命令或請求的形式表達出來，形成一種論點試圖說服他人，這就是暗示**。所謂對他人進行暗示，指的是轉變或強化一個人既有的觀點。由於每個人對外在刺激的反應都不同，而這就是暗示他人時容易遇到的困難。一個人願意接受暗示的程度，和其個性獨立與否，有很大的關聯。

另外，我們必須注意兩種人：一種人是不論對錯，都覺得別人的意見比自己的重要。這種人習慣高估他人的重要性，並樂於改變自己的看法以順應他人。這種人特別容易被催眠或接受暗示。第二種人則認為，所有的外在刺激或者暗示都是無禮的行為。他們不理會他人的想法，覺得自己的觀點才是正確的。至於對錯，也並不在乎。這兩種人各有各的弱點。第一種人的弱點是過於順從；第二種人的弱點是不願採納旁人意見。後者好勝心強，雖然也能接受暗示指令，覺得自己能被催眠很了不起，也會公開、理性地談論這件事。但他們這樣做，僅是為了強調自己的與眾不同。

第5談

探索內心

我們必須知道一個人整體的人生目標，才能判斷行為的意義。唯有從「生命」來看單一行為現象，才可能知道背後真正的意義；唯有承認人們表現出的每個行為，都只是他們整體行為模式的其中一面，這樣我們才能瞭解一個人的內心世界。

1——在自卑感中成長的生命

和生活條件處於優勢的小孩相比，處於劣勢的小孩，對於生命、人群的觀點必定截然不同。這樣說，應該誰都能理解。天生身體就有缺陷的孩子，由於小小年紀就必須與生命搏鬥，因此他們的社會意識會提早被扼殺。他們的心裡只有自己，只在乎自己在他人眼中的形象，也不會積極地融入人群。身體缺陷與經濟重擔一樣，都可能會對人們造成額外的壓力，並對世界產生敵意。

個性形成的關鍵期在孩子年幼的時候。這些條件較差的孩子總在兩歲左右，已經隱約感覺到自己不如其他玩伴，不敢和別的小朋友一起遊戲玩耍。生活條件困難的他們，覺得自己被世界遺忘了，看起來經常一副在迫切等待的模樣。我們不要忘了，孩子屬於弱勢族群，起居依賴他人。如果家庭本身不具備某種程度的社會意識，孩子也無法獨立生活。只要看到小孩脆弱無助的模樣，我們就知道，**生命一開始，都是在深深的自卑感中成長**。孩子遲早會發現，要獨自面對生活的挑戰是不可能的事。所以自卑感成了動力，是孩子奮鬥的起點。自卑感會幫助孩子在生命中努力找到平靜與安全感，幫助孩子確立人生目標，引領他們前進。

兒童的可塑性與他們的身體潛能關係密切，這種可塑性會因為兩種因素而瓦解。第一種，自卑感被誇大、被強化、沒得到適當的疏導。第二種則與他們的目標有關，他們希望找到安全感、平靜、平等的社會地位，但同時又想在環境中取得優勢，贏過同儕。這類型的小孩容易變成問題兒童，他們覺得人生的經驗只有挫敗，覺得自己被老天與其他人遺忘了，受到歧視。我們只要把這些因素好好思索一番，就會明白小孩在成長過程中，為什麼總是出現扭曲、不當、錯誤的行為。孩子在成長階段一定會犯錯，都有覺得自身處境不安定的時候。

在小孩成長的環境裡少不了大人的存在，相較之下，孩子便顯得很弱小，不相信自己可以獨自生活。即使大人認為，有些小事他們做得來，不至於出錯或笨手笨腳，他們也不相信自己辦得到。而我們教養孩子的問題，通常就出在這裡。如果我們要求孩子做的事超出他們的能力，他們會覺得自己很沒用。有些大人甚至故意讓孩子覺得自己很渺小、一無是處，有的大人把小孩會當成布偶；有的大人把小孩當成貴重物品謹慎地看守；有的甚至把孩子當作沒用的人型貨物。因為父母或大人經常以上述種種態度對待小孩，造成孩子覺得自己只會兩件事：逗大人開心或惹大人生氣。這類型父母造成小孩的自卑感，可能因為我們文明社會的某些特質而被強化。譬如：習慣不把小孩當一回事，孩子因此覺得自己不重要、沒有權利；大家看得到他們，卻不聽他們說話，他們必須謙恭有禮，保持安靜。

小孩在成長過程中普遍害怕被嘲笑。然而，嘲諷小孩的行為形同犯罪，這對他們的心靈來說影響深遠。當他們長大以後，這些嘲諷的聲音會不時浮現，慢慢成為一種習慣和行動。一個小時候經常被人嘲笑的成人，會擺脫不掉被嘲笑的恐懼。不把小孩當一回事的，還有另一種情形：習慣跟小孩說些非常明顯的謊言，結果造成孩子對自己身處的環境起了疑心，認為不用以嚴肅且真實的態度來看待生命。在幾個案例中，我們發現，有些小孩認為學校是父母的一個玩笑，不值得認真以對。因此，他們在校時經常會莫名其妙地笑出聲來。

2 ——自卑感的補償

自卑、覺得自己有缺陷、缺乏安全感，這些感受會決定一個人生存的目標。人出生沒多久，已經出現希望成為眾人矚目的焦點、希望父母關愛的傾向。渴望他人認同的心理現象，伴隨著自卑感，在小小年紀已經萌芽。人們開始想要實現個人目標，在人群中當個優秀卓越的人。

一個人社會意識的程度與性質，會形塑個人目標，尤其是追求優越感的目標。無論小孩或大人，如果沒有將他們追求優越感的目標與社會意識的程度做比較，我們無從判斷他們的個性。達成目標，意味著自己有機會實現個人優越感，人格特質也會大幅提升，進而找到生命的意義，一個人的目標就是這樣架構起來的。**目標，讓我們的生命經驗有了意義**，會結合、統合情感，形塑想像力，告訴我們創造力要用在什麼地方，還有哪些事該記得、哪些事又該忘記。於是我們曉得，感受、情感、情緒、想像力這些心靈活動的意義是相對的。我們追求的目標，會影響這些心靈活動的要素，也會對某些知覺感受產生影響。換言之，**會產生哪些知覺感受是經過揀選的，我們所追求的目標會悄悄辦到這點**。

我們虛構了一個現實環境根本不存在的定點，然後循著定點為自己的人生定位。虛設定點的存在有其必要，因為我們心靈並不圓滿。科學領域也有類似虛構的概念，比方說，將地球劃分成不同區域的經緯線並不存在，但其功能很重要。虛構定點的存在，目的只有一個：幫助我們在混沌失序的生命狀態裡找到方向，認識價值觀的相對性。承認這個定點的存在有個好處——我們的感受與情感有了歸類的依據。

因此，個體心理學創造了一套系統化的啟發式學習法，教導我們從什麼角度認識人類行為。個體心理學告訴我們，**人類運用個人基本潛在特質追求人生目標，並在追尋目標的過程中架構**

起各種人際關係，人類行為就是這樣產生的。然而，我們從經驗中發現，虛設目標不單單只是一種權宜做法，因為目標與現實狀況有許多重疊之處——無論這些現實狀況，指的是一個人的意識或者潛意識表現在外的現象。心靈活動是有目的性的，像這種目標的追尋，不僅是哲學上的假設，也可以在現實生活中找到對應。

如果我們問，要怎麼做才能有效阻止孩子發展如追求權力與優越感等傾向，答案是，很困難。畢竟，權力是文明社會的首惡。又由於，小孩這種傾向在我們還不容易與孩子溝通的年紀就已經開始。我們只能等他們長大一點，再想辦法改變他們，把事情說清楚。但是，在這個階段大人與小孩一起生活，還是有助於孩子培養社會意識，慢慢地幫助他們從追求權力一事轉移焦點。

另一個困難則在於，小孩對於權力的追求不會直接表現出來，而是隱藏在關心與關愛的外衣之下悄悄進行。他們希望，這樣做不會讓人看出來。對權力的欲望如果任其發展，對小孩心靈的成長是不利的，會把勇敢變成魯莽，順從變成懦弱，關懷變成有技巧地控制他人，使原本自然的情感流露或行為表現，夾雜了虛偽的動機。因為，他們真正的目的是征服環境。

教育，可以藉由訓練孩子生活技能，並教導正確的觀念，灌輸社會意識，幫助他們實現意識與潛意識裡對安全感的渴望。所有的方法，無論理論根據是什麼，最終都是為了幫助成長中的孩子，消除內心的不安以及自卑感。由於性格會反映心靈的活動，為此，孩子在學習的過程中，內心世界究竟起了什麼變化，我們必須從他們展現的性格特質來判斷。身體的缺陷雖然對小孩的心靈影響很大，但是我們在評估孩子的焦慮與自卑感時，絕不是以這一點作為衡量標準，因為這些感受的產生，多半取決於孩子看事情的角度。

即便大人都無法在任何環境下，做出正確的判斷，我們更無法期待孩子能夠做到如此。然而，問題就是從這裡蔓延開來。在艱難環境中成長的孩子，一定會有自卑感的問題。有的小孩比較懂得判斷自身處境。但總的來說，小孩對於自己的自卑感，詮釋的角度每天都不同，這樣的觀點會逐漸穩定下來，形成明確的自我判斷力。這種能力最後會變成一種自我判斷的「常數」，成為孩子為人處世的準則。小孩會根據這套具體的行為準則，或稱「自我衡量的常數」，創造出心理代償機制以彌補自身缺陷，引導自己走出自卑感，朝目標前進。

人類的心靈創造了代償機制，讓自己不再為自卑感所苦。我們的身體器官也有類似做法。我們都知道，有的身體器官對於生命的維持很重要，這些器官如果功能異常，可能會出現亢進現象。例如，身體循環系統如果出現障礙，心臟會從身體其他地方抽取新的力量，擴張程度會超過正常的心臟。同樣地，我們的心靈在自卑感與無助的壓力來襲，覺得自己渺小又微不足道時，也會想盡辦法克服這種「自卑情結」。

假如，孩子的自卑感強烈到他們擔心自己永遠也無法克服自身的弱點，因為基本的心理壓力平衡方式已經無法滿足他們的需求，這時代償機制便出現危機，他們需要更激烈的心理代償機制，讓天平完全倒向自己這一邊。

這時，追逐權力與控制權的欲望會變得很強烈、過度放大，成了一種病態。一般的人際互動關係根本無法滿足當事人。在這種情況下，人們的言行舉止往往變得浮誇，以利推動自己的目標。對權力與欲望需求過度近乎病態的人，會用盡各種手段在生活中穩固自己的地位，個性很急躁、缺乏耐性、非常衝動、完全不顧慮他人感受。這種小孩為了滿足個人極端的控制欲，行為也會變得極端，容易引起旁人注意。他們會侵犯他人權益，結果自己的權益也會面臨挑戰；他們與世界為敵，世界也與他們為敵。

實際情形不見得如「病態」兩字講得那麼嚴重。而有些小孩追求權力的方式，不至於立刻造成自己與社會的衝突。他們的企圖心乍看很正常，但一旦仔細觀察他們的行為舉止，我們會發現他們做的事，對社會大眾並沒有任何好處，因為他們的企圖心是利己的，阻礙他人前進。時間久了，這種人處在人群中會漸漸出現其他反社會的特質，且愈來愈明顯。其中最明顯的，就是驕傲與虛榮，以及不計代價要贏過所有人的企圖心。最後這個特質，運用點小技巧就能達成：貶低週遭所有人，自己的地位就會相對地抬高。總之，就是拉大自己與他人的距離。但是，這種態度不僅讓其他人不自在，自己也不自在。擁有這種心態的人，活著感受不到任何喜悅，只會不斷接觸到生命的黑暗面。

有些孩子想在環境中取得權力與支配權的欲望太強烈，導致他們後來在生活中變得不願意承擔基本的工作與責任。只要把這類極度渴望權力的人，與喜歡合群的人相互比較，再運用一點心理學的專業經驗，就可以看出一個人的社會化指數——也可以說是，這個人與人群脫節的程度。可是一個洞悉人性的人，不會忽略身體缺陷和自卑感這兩項因素，他們知道會出現這種人格特質，一定是因為心靈在成長的過程中遇到了障礙。

若要對人性有正確的認識，前提是我們必須體認到，**在心靈成長過程中，遇到的困難自有它的意義**。一旦對人性有了正確的認識，再加上本身具備健全的社會意識，這些知識絕不會成為傷害他人的工具。這些知識只能用來幫助他人。遇到身體有缺陷或者不合群的人，出現忿恨不平的反應，千萬不要責難他們。這不是他們的錯。我們不得說，人被逼到受不了，會忿恨不平是正常的。他們會陷入這樣的處境，我們多少都有責任。我們有責任，是因為我們做得不夠好，沒能防範社會發生不幸，才會引發這些情形。如果我們做好把關的工作，這些情形最終是可以改善的。

對於這樣的人，要以平等心對待，不可以把他們當作次等人、一無是處的社會邊緣人。我們必須讓他們覺得自己的地位和別人一樣平等。當我們看到身障人士，感覺不舒服時，有沒有想過，萬一自己也這樣呢？這一點可以用來驗證自己的教養還有多少進步的空間？是不是符合公平正義的社會價值觀？對於他人的包容心有多強？同時，也可以藉此觀察，我們的社會對於這些不幸的人，是不是做得太少了？

那些帶著身體缺陷來到世上的人，小小年紀一定覺得生命格外沉重，對生命感到悲觀也是理所當然。有些孩子的器官缺陷幾乎看不出來，但因為某種原因導致他們的自卑感愈來愈強烈，所以也陷入相同的困境。自卑感也可以是後天造成的，程度能完全等同於那些一出生就有身體障礙的孩子。

在孩子成長的關鍵期，管教過於嚴厲，也會讓孩子產生自卑感。煩惱的種子如果在年幼即落地生根，便永遠也拔不出來。他們只要體驗到人性無情的一面，就再也無法親近任何人。他們會認為自己活在一個沒有關愛與溫暖的世界，與他人沒有交集。舉個案例來說明：

有位患者，他不斷強調自己是個責任感很重的人，他做的事都很重要。他的婚姻並不幸福，對於每件事夫婦倆都要爭到底，不贏過對方絕不甘休。雙方一直爭吵、責難、出言侮辱，彼此形成陌路人是必然的結果。該名患者的社會意識非常低落，至少從夫妻和朋友關係來看，確實是如此。他對優越感的渴望，扼殺了他的社會意識。

從他敘述自己的生活，透露以下幾件事：到了十七歲，他的身體才發育完全。在那之前，他說話聲音像個小男孩，沒有體毛也沒有鬍鬚。在學校同年齡的男生裡，他屬於個子矮小的一群。他現在三十六歲，所有男性特徵發育健全，很正常。他的身體雖然到十七歲才發育完整。但是，發育遲緩的事讓他痛苦了八年。他在那段期間一直很焦慮，擔心身體缺陷會一輩子跟著他。過去那幾年他很痛苦，以為自己永遠長不大。

這名患者的人格特質，從當年就已經成形。他從以前就喜歡擺出自命不凡的模樣，好像他做的每件事都很重要。他的一舉一動，都是為了讓自己成為注目的焦點。最後，他的個性變成了我們現在看到的樣子。婚後，他還是一心想要向妻子證明自己有多了不起，是個大人物。妻子則是努力想讓先生知道，他的自我價值認知有問題。他們的婚姻早在訂婚時就已經出現破裂的徵兆，婚後又是這種情形，關係自然好不起來，最終以離婚收場。由於婚姻破碎，讓這名男子原本已經搖搖欲墜的自尊，徹底崩塌，所以他才來看醫生。而如果想治癒自己，他必須先從心理治療師這邊學會瞭解人性，學習面對自己從前在生命中所犯下的錯誤。他沒看出是自己的自卑感在作祟，使他的一生完全走調，需要接受治療。

3——連結童年經驗與主要訴求

我們在解釋個案時，如果可以將患者的童年經驗與主要訴求這兩者連結起來，就會方便不少。最好的方法，就是仿照數學公式做圖，用曲線圖解釋。兩個點構成一條線，代表一個方程式。如果我們可以替患者的生命做圖，從圖中的心靈曲線看到一個人的生命事件，治療成功的機率就會增加許多。一條曲線代表一個人從小到大遵循的行為模式。或許，有的讀者認為我們這樣做過於簡化，不把人的命運當一回事。也有讀者認為，我們不相信人類可以主宰命運，也不相信人類有自由意志、有判斷力。確實，我們不相信人有自由意志。我們把研究的重點放在人們特定的行為模式。**一個人的行為模式是會改變的，但是行為模式的本質、行動力和意義，從小時候起就沒有改變**。雖然人在成年後與週遭人事物的關係改變了，原本的問題也會跟著修正，但關鍵的行為模式始終不變。

進行研究時，我們必須把患者小時候的事情也挖掘出來。因為兒時留下的印象，會成為孩子成長時遵循的軌跡，以後面臨生活的考驗時，他們也會循著同樣的軌跡做出反應。面臨考驗的當下，孩子會運用自出生起所具備的各種心靈武器來應戰。人們在兒時遭遇的某些壓力，會影響他們的生命觀點，同時也會早早決定他們的世界觀和宇宙觀。

一個人的生命態度從小時候就不會改變，頂多成年後的表現方式有些不同。所以，不要讓幼小的孩子接觸到可能對人生產生錯誤觀點的人、事與環境，這點相當重要。在這個階段，孩子的體能和抵抗力也很重要。他們的社會地位、負責教養他們的人具備什麼樣的人格特質，也同等重要。在兒時，人們剛開始面對生命所做的反應，通常是不自覺的、反射性的，但長大後，他們則會根據特定的目標來調整行為模式。起初，這種目標通常與身體需求有關，孩子的快樂與痛苦全部由此而生。但是後來，孩子學會避開和克服這些人類最原始的需求所帶來的壓力。

這些現象出現在自我探索的階段，大約在這段期間，小孩懂得用「我」來稱呼自己。也就是在此階段，孩子曉得，自己與週遭人事環境的關係已經固定了。這種關係絕非中立，因為它會迫使孩子改變自身觀點，調整人際關係，以符合自己的人生觀、幸福感和成就感等各方面的需求。

回想一下，我們先前提過人類的心靈活動具有某種目的性，即所謂的「目的論」。如果大家認同這個論點，就能瞭解為什麼必須以整體來看待一個人的行為模式。尤其，當一個人的內心目標表現在外的種種行為明顯相互矛盾時，我們更應該把他當作所有人格特質的總合來看。這就好比，有的小孩在學校與在家裡的表現完全不一樣。同樣地，有些成人表現在外的個性特點，也有許多互相衝突之處，讓我們摸不著他們真正性格。類似的情形還有，兩個人的行為舉止看起來或許一模一樣，但仔細觀察他們潛在的行為模式，實則不同；又或，反之。

人的行為可以從各種角度解讀，所以我們絕不能把心靈表現在外的種種行為，視為單一現象。相反地，我們必須知道一個人整體的人生目標，才能判斷行為的意義。唯有從「生命」來看單一行為現象，才可能知道背後的含義；**唯有承認人們表現出的每個行為，都只是他們整體行為模式的其中一面，我們才能瞭解一個人的內心世界。**

一旦我們曉得人類所有行為的背後，都有一個目標作為動力；一旦我們曉得人生目標的起點與終點，都會影響一個人所有的行為，我們才能判斷，他們最可能在人生哪些環節出問題。

人生會出問題，正是因為循著自己的行為模式來追逐成就感與欲望，這樣等於是不斷複製相同的生活軌跡。會出現這種情形，是因為我們沒能客觀分析每件事。對於各種知覺訊息，我們只會接收、轉化，再把這些訊息傳送到意識層面或潛意識層面。只有科學才能幫助我們看清楚並修正這個過程。在此，我們要舉例來為上述觀點做個總結，運用目前已經學到的個體心理學觀念，來分析和解釋每一種行為現象。

有位女性患者對生活很不滿。而她不滿的原因是每天都有做不完的工作。從外表看得出，她很急躁，神色不安。她說，每次光是處理一些簡單的工作，她就會極度焦慮。我們從她的親友那邊得知，她是個做什麼事都很認真的人，經常一副快被工作壓垮的模樣。我們對她的初步印象是，不管每件事她都相當認真。她的親人說，她習慣小題大作！這提供了我們思考的線索。

試想一下，這種將簡單小事當作天大難事的個性，對於人際關係或者夫妻關係，會造成什麼樣的影響？我們覺得，一個人只要出現這種傾向，等於是在拜託大家別再把工作丟給她了，因為她連基本的事情都做不來。然而，我們對女子的認識還不夠全面，必須想辦法讓她多透露一點，絕對不能心存控制患者的念頭，這樣只會讓她產生敵意。當她產生信任感後，便在我們面前侃侃而談。於是，我們終於知道，原來她這樣做是有目的的。她的行為透露了一件事，她想向他人——或許是她先生——證明自己沒辦法再承擔更多的責任了，她需要別人的關懷與體諒。

我們猜測，這些行為在以前應該已經有跡可循，過去可能有人這樣要求她。我們引導她透露更多，證實了這項猜測。

她說，多年前有一段時間，她很缺乏別人的關愛。她會這樣做，是因為她極度渴望別人關心，她不希望以前那種渴望溫暖與關懷卻得不到的劇碼再度上演。

她繼續往下說，證明了我們的觀察是對的。她表示，她有個朋友很多地方和自己完全相反。這個朋友的婚姻不幸福，因此很想逃離。有一回，她去找這位朋友，看到友人手中拿著一本書站著，不耐煩地對先生說，她當天沒辦法煮晚餐了。她先生聽了很生氣，以許多尖酸刻薄的話攻擊她。

患者告訴我們：「我只要想起這件事，就覺得自己的方法比她強多了。因為我從早到晚已經被一堆工作壓到喘不過氣來，沒有人可以這樣責備我。如果哪天家裡午餐沒辦法準時料理好，沒有人可以說我一句，因為我要做的事太多了。那我現在是不是應該捨棄這種做法？」

我們現在明白，這個人心裡到底在想什麼。她想要用不易引人反彈的方式，來取得某種優勢，這樣既不會招來他人責難，又能讓別人多多關心她。這種防衛機制好像運作得很順利，沒道理要她放棄。她希望別人多關心自己（同時也是一種控制他人的方法）的欲望永無止盡，製造出很多問題。如果家裡有一樣東西放錯地方，整個房子一定會被翻過來。她一堆事情，所以常常頭痛，晚上也睡不安穩。她一直在煩惱過去、現在與未來。如果有人邀她赴約，簡直是天大的事，一定得大費周章準備才行。尋常小事在她眼中都是大事，所以到他人家裡作客根本是苦役，沒有花上幾天幾夜準備是無法完成的。我們可以預見，她最後應該無法赴約，並向對方道歉。如果趕上了，也必然遲到。這種人的社會意識已經畫地自限了。

在婚姻關係中，會存在這種期待對方多關心自己的心情，所以很多時候，情況就變得相當敏感。例如，先生有時候因為工作、與他人有約，或者參加社交活動而不在家，因此把妻子獨留家中，難道這就表示他不夠關心體貼？一開始人們或許會說，結了婚雙方應該要多待在家裡。這種義務看似甜蜜，但如果過頭，對於要上班的一方而言，其實會增添很多困擾。像是先生偶爾晚歸，悄悄鑽進被子，希望不會吵醒妻子，結果卻猛然發現她還沒睡，用責難的眼神看著他。

這種問題大家都心知肚明。我們的重點要放在，她希望別人多關心、多體貼自己的欲望，有時候會以另一種方式表現：

有天晚上，先生必須出門，妻子對他說，你的社交活動這麼少，不用急著回家，待晚一點。語氣聽來輕柔，但這些話其實是嚴肅的。她的表現和前述似乎不同。然而，仔細觀察後，我們看出其中的關聯。妻子很聰明，知道不可以表現得太嚴厲。她表面上看起來很完美，沒有個性上的缺點，但她內心怎麼想，才是我們應該注意的。

她其實話中有話，那番話是一種警告——他可以很晚回家，是因為她允許；但如果他私自晚歸，她會很難過，覺得不被重視。

不過，她並沒有說出心底話。夫妻當中她是主導的一方，即便先生僅是參加社交活動，也要她同意才行。

現在，我們將這樣對於他人關心的渴求，與只要事情不受自己控制就會失控這一點結合起來，就發現到，原來她一生堅持不聽人指揮，非握有主導權不可。縱使旁人責備，她的立場也不會動搖，她永遠要成為自己小小世界裡的焦點。她這種堅持的心態在生活中處處可見：家裡如果來了新的幫傭，她會變得緊張不安，擔心新幫傭是否會和以前的幫傭一樣聽話。同樣地，當她必須步出家門時，等於是離開自己的勢力範圍，突然走進另一個世界，那裡沒有一樣東西是她可以掌控的。她必須閃避車輛，在外面她沒有主導權。我們只要知道，她在家中是多麼霸道，就會明瞭為什麼她一離開家，就會變得如此緊張。

這些人格特質通常隱藏在愉快的外表下，乍看絕對想不到這個人其實很痛苦，而且痛苦的程度甚至到了極點。想想看，如果過度放大壓力，人會怎麼樣？有的人可能會不敢搭公車，因為坐在公車裡，他們的命運就任人擺佈。這種恐懼感如果發展過頭，最後他們連家門都不敢踏出一步。

我們發現，這是個童年印象對成年生活造成影響的例子。其實從女子的觀點來看，我們必須承認，她沒有錯。一個人的一生與生活態度，如果一直把獲得溫暖、尊重、尊嚴與關懷當作目標，只要能達到這個目的，營造出自己長期負擔過多、疲憊不堪的形象，倒也不失為一個辦法，沒有人敢批評她，同時又能逼迫身邊的人多體諒她，而且還可以避免自己的情緒起伏太大。

我們試著把這名女子的生命回溯到更早以前，她在求學時，只要遇到不會的功課，就會緊張異常，使得老師必須特別體諒她。此外，她是家中的老大，有一個弟弟和一個妹妹。她和弟弟長期不合，弟弟一直最受寵愛。她最氣的是，大家都特別關心弟弟的課業表現，相較之下，她的課業表現不太有人注意（她的成績本來就很好）。她終於再也受不了，不斷抱怨為什麼她的學業表現沒有受到同等重視。

因此我們曉得，原來小時候的她一直在爭取公平對待的機會，她想克服自卑感。為了平衡這種感覺，她採用的方法是做個成績不好的學生。為了贏過弟弟，她竟然選擇把成績考壞。從小孩子的觀點來看，這麼做是理性的，也是讓父母注意到自己最好的方法。她會使用這個策略應該是思考後的結果，因為她清楚表明自己想當壞學生。

可是她的父母卻一點也不擔心她的成績不好。有趣的事來了，她的成績突然變好了，因為有新成員加入戰局，就是她妹妹。妹妹在學校的表現也很差，但母親卻很操心，跟操心弟弟課業的程度差不多。這是由於妹妹的表現差屬於另外一種情形。我們的患者只有課業表現不佳，但妹妹卻是課業和操行成績都不理想，所以媽媽會比較關心妹妹。因為，比起課業表現不佳，社會對於品行不佳的觀感完全不同。對父母來說，這是緊急狀況，逼得他們必須專心應付孩子的問題。

這場爭取平等對待的戰役，該名患者暫時打了敗仗，卻也沒帶來永久的和平。她後來改用其他方法吸引父母的注意，這對於她的人格造成長遠的影響。我們現在比較瞭解，為什麼她喜歡小題大作？為什麼總是慌慌張張？為什麼總是表現出壓力很大的樣子？這一切都是為了吸引父母，轉移他們對弟弟妹妹的注意力。而且，她的這些行為也等於在責怪父母：三個孩子之中，待她最不好。當時那種心態根深蒂固，如今仍如影隨形。

我們再回溯到，患者更小的時候。有件小時候的事她記得特別清楚，弟弟出生沒多久，她拿了一塊木頭想要打他，幸好被母親發現，弟弟才沒有受到嚴重傷害。那年她三歲，小小年紀的她已經知道，自己為什麼會被冷落，因為她「只是個女生」。她記得很清楚，她不曉得說了幾次「但願自己是男生」這樣的話。弟弟的出生，不僅把她擠出溫暖的窩，更讓她自尊心受損。由於他是男生，受到的關愛超乎她太多。為了平衡這種乏人關心的缺憾，她無意間發現，一直裝出忙不過來的樣子是個可行的策略。

現在，我們來討論她的夢境，看看這樣的行為模式如何深深嵌入她的心靈。

女子有一次夢見自己在家中與先生聊天，但是先生看起來像女人。這一幕象徵了，女子在面對各種生活經驗與各種人際關係時，所採取的態度。這個夢，表示她能夠與先生平起平坐。丈夫不再和她弟弟一樣，是個不具主導權的男性；他像女性，則表示她與他之間沒有尊卑之分。在她的夢裡，她實現了兒時以來一直懷著的願望。

就這樣，我們順利將一個人心靈成長中的兩件事串連起來，看出患者的生命態度、生命曲線圖與行為模式。根據這些資訊，我們拼湊出一張完整的圖像，可以做出總結：這位患者擅長以溫和的手段，使勁操縱他人。

第6談

潛意識裡的你是什麼模樣？

當我們在判斷一個人時，千萬不能只看他們在意識層面上產生的言行舉止。他們不知不覺中所說的話、做的事，往往有助於我們瞭解他們真正的本性。

個體心理學有個基本信念：所有心理現象，都可以當作是為了特定目標所做的準備。從前面討論心靈的成長，我們發現，人們持續在為未來做準備，藉此滿足心願。這是人類共同的經驗，也是每個人必經的過程。舉凡以追尋理想未來為主題的神話、傳說、冒險故事，內容都與準備未來有關。幾乎所有的民族都相信，這世上從前有個樂園；同樣地，幾乎所有宗教都提到，人類渴望未來沒有任何障礙。宗教普遍抱持靈魂不滅的輪迴觀，相信人類的靈魂可以提升到新的層次。童話故事也證明了，人們相信未來一定可以過得幸福美滿。

1 遊戲之於孩童

在孩子成長的過程中，有個現象很重要，因為這是為了未來做準備的過程，那就是玩遊戲。遊戲，不是父母或者孩子的教養者偶爾想到才讓小朋友玩玩的事。**大人應該把遊戲當作教養的輔助工具，以刺激孩子心靈成長、想像力與鍛鍊求生技巧**。遊戲隱含著準備未來的概念——小孩玩遊戲的態度、選擇玩什麼遊戲、重視遊戲的程度，從這些都能看出孩子與環境是什麼關係，而與群體又是什麼關係。孩子的態度是敵對或友善？尤其是不是想要當老大？這些從孩子在玩遊戲時很容易看得出來。透過遊戲來觀察小孩，我們可以知道，他們對人生大致有什麼看法。因此，遊戲對每個小孩來說是非常重要的。

然而，遊戲的重要性不僅是為未來做準備。**最重要的，是孩子能夠透過遊戲練習社交能力，有助於培養社會意識。**不願意玩遊戲的小孩，容易讓人懷疑他們是不是無法適應環境。他們什麼遊戲都沒興趣參與，有時候即便被帶到遊戲場與其他小朋友一起玩樂，他們也會破壞別人的興致。孩子若出現這種行為，主要是他們驕傲、自尊心低落、怕被誤解。大體來說，只要觀察孩子們玩遊戲，就能判斷他們的社會意識有多高。

追求優越感，是遊戲的另一個特點。小孩在遊戲時，無意間會表現出自己想當領導者的傾向。我們可以藉由觀察小孩如何搶鋒頭，觀察他們有多麼喜歡那些自己可以當王的遊戲。因為，**所有遊戲都至少具備下列要素的其中之一：準備未來、培養社會意識、爭取主導權。**

另外，遊戲還有一個要素——小朋友可以在遊戲中表現自我。遊戲是孩子自由發揮的時間，小朋友彼此之間怎麼互動，會決定他們自由發揮到何種程度。不少遊戲都特別強調這類的創造力，可以讓孩子發揮創造力的遊戲尤為重要，因為他們可以從遊戲中演練未來的職業。在許多人的生命歷程中，是有小時候喜歡做衣服給洋娃娃穿的人，長大後成了服裝設計師這樣的例子。

遊戲和心靈的關係密不可分。我們必須把遊戲視為職業的一種。所以，打斷小朋友玩遊戲，不是一件小事。不要以為遊戲只是在消磨時間，遊戲是為了以後做準備。從這個目的來看，只要觀察小孩，多少就能知道成年的他們將會是什麼樣子。因此，**只要知道一個人的童年怎麼過的，就能較為容易判斷他的個性如何。**

2——專注與分心

專注，是心靈的特質，也是人類最重要的天賦。當我們的感知器官把注意力放在自身以外的事件或者體內某個狀況時，會感覺到某種緊繃的存在，但是這種緊繃感沒有散布全身，而是集中在某個單一感覺器官。舉例來說，像是眼睛。當眼睛盯著某處看，就會產生這種緊繃感。我們會感覺到有事情正在醞釀中。

如果某件事需要心靈或者運動器官系統專注處理時，這些位置的緊繃感會升高，其他位置的緊繃感則會消失。因此，當我們想要專心處理某件事時，會想辦法排除其他干擾。

從心靈的角度來看，專注是種隨時可以將自身與現況連結的狀態，預防他人攻擊——這或許是我們本身需要，也可能是因應某種特殊狀況，逼得我們必須把所有力量集中起來以處理某件事。

如果不把患有精神疾病的人算在內，專注力是每個人都具備的能力，但為什麼專注力低落的人卻這麼多呢？原因有很多。首先，疲勞和生病會影響我們的注意力。有的人注意力不集中，是因為他們不想，因為那些必須專心處理的事情，與他們的行為模式不相干。反之，只要他們覺得這件事對自己很重要，注意力立刻被喚醒。

還有，注意力不集中的另一個原因，就是習慣性反抗。有些小孩天生喜歡與人唱反調，不管別人提議什麼，他們一律以「不要」回應。他們覺得，不贊成一定要直接表達出來。**教養小孩的人要負起責任，要有技巧地引導小孩認識自己的本分是什麼，並讓孩子覺得，課業的學習與自身的行為模式是相關的**，要將它融入生活中。

對於任何的外在刺激，有些人的視覺、聽覺、內心感覺都很敏感。不過大多數人，只有視覺感受比較敏銳。有的人習慣用眼睛感受生命；有的人只用聽覺器官；有些人不依賴視覺，眼睛從不注意外在事物，視覺影像完全引不起他們的興趣。還有一種人，明明他們最感興趣的事物就在眼前，但他們卻沒注意到，這是因為他們最靈敏的器官並沒有接收到訊息之故。

如果要喚起一個人的注意力，就要讓他們打從心底覺得這個世界很有趣。興趣的影響力比注意力大。人只要對一件事感興趣，注意力自然集中；只要有了興趣，教養孩子的大人根本不用擔心注意力集中與否的問題。

興趣，是一種基本的心理工具。只要有興趣，我們會為了某個目標努力學習一門知識。人在成長過程中，沒有不犯錯的。一個人的觀點如果有誤並且固定成型，注意力就會用錯地方，容易做些對於準備未來不相干的事情。如果我們很關心自己的身體或者權力，往後只要與利益有關的事、只要自身權力受到威脅，我們的注意力就來了。

如果我們最感興趣的是追逐權力，以後就只有這件事會引起我們注意。這點從觀察小孩就知道，只要他們的地位動搖或者不受到重視，他們的注意力便馬上提高。當他們覺得某件事無關緊要時，注意力很快就消退。

所謂缺乏注意力，指的是一個人本來應該專注，但卻不願意。因此，「注意力無法集中」這種事是不成立的。每個人做事都能夠十分專注，只是人們專注之事往往並非正事。缺乏意志力、動力，和無法集中注意力的情形很類似。我們發現，有這類問題的人，通常對正事以外的事情，表現出堅強的意志力與持久的動力。要治療這種人不容易，必須從改變他的整個生活型態來著手。我們很肯定，所有注意力不足的病案，問題都出在追逐錯誤的目標。

注意力不集中，往往成為個性的一部分。我們發現，如果交代工作給這種人，他們常常會婉拒，或者半途而廢，或者完全放棄，容易成為別人的負擔。注意力不集中變成常態，形成個性以後，一旦有人交代他們做什麼，這一面就會表現出來。

3——健忘的原因

如果一個人的安全或健康，因為疏於採取必要預防措施，而身陷危險之中，這種情形就屬於刑事疏失。刑事疏失是缺乏專注力的極端表現。人們會出現這類的注意力缺失，是因為對他人漠不關心。如果想確定孩子究竟只會考慮到自己，還是會顧及他人權益，觀察他們玩遊戲時，有沒有出現疏失就可以明白。

疏失，是用來衡量一個人的團體意識或者社會意識強弱的指標。一個人的社會意識如果發展不健全，即便用處罰來威脅他們，也還是很難讓他們付出關心。反之，一個人的團體意識如果發展健全，對他人表現關心就是很自然的事情了。

所以，刑事疏失和缺乏社會意識是同一件事。但在沒有弄清楚一個人為什麼對他人漠不關心之前，切勿不可過於苛責。

人們會健忘，譬如遺失貴重物品，有可能是注意力受限的緣故。有些事我們原本很關心、很感興趣，但由於有過不愉快的經驗，興致便大幅降低，從此開始忘東忘西。小朋友忘記帶課本就是這類例子，這通常證明了他們還不適應學校生活。容易健忘的人，不會直接表明自己對份內事興趣缺缺，但他們會以「健忘」這種方式表現出來。

4——從行為模式看進潛意識

我們案例中的主角，多半不清楚自己的心裡在想什麼。只有極少數心思夠細膩的人，可以說得出自己為什麼會這麼想。有些心理活動的過程，在意識層面找不到痕跡。雖然我們可以刻意強迫自己集中注意力，但是促使注意力提高的誘因，不是意識的作用，而是興趣。興趣大多數屬於潛意識層面，而且涵蓋的範圍很廣泛，是心靈世界很重要的一環。

我們可以從一個人的潛意識發現他們的行為模式。在人的意識層面，我們只看得到行為模式的倒影，有如底片影像。虛榮心很強的人表現出虛榮的一面時，是不自覺的。人的虛榮心通常都藏在謙虛的外表下，而虛榮的人不見得知道自己很虛榮。

人們為了獲得安全感，會把注意力放在與虛榮不相干的事情，所以完全看不到自己的虛榮。這整個心理活動都在暗處進行。所以，不要對一個虛榮心很強的人說，他很虛榮，因為他們會習慣性地閃避這類話題，或者說話拐彎抹角，不想受到干擾。從這一點，我們更加肯定，這種人有他們的一套把戲，如果遇到有人想要拆穿他們的騙術，便馬上擺出防衛姿態。

有種人對於潛意識這方面的訊息知道的比一般人多，而另一種人則知道的很少。我們從許多例子發現，第二種人關心的範圍比較窄；第一種人心靈活動的範圍則比較廣，對於不同的人事物都很感興趣。習慣過著邊緣生活的人，狹小的生活圈已經滿足他們的需求，因為他們覺得自己是生命的局外人，不像那些懂得遵循生命賽局遊戲規則來行動的人，看不清哪裡出了問題。這種人不是理想的隊友，他們看不出生命細膩之處，對生命不夠有熱忱，抓不到生命中的問題之重點，是由於他們擔心，若擴大了活動領域，也就失去了自己的權力。

還有一種人因為低估自己，所以不清楚自己在生活中能做什麼。我們發現，許多人看不清自己——當有人覺得自己對別人很好時，其實他們所做所為全是為了自己。相反地，當有人覺得自己私心很重時，仔細觀察發現，其實他們對別人很好。**我們怎麼看待自己，或者他人怎麼看我們，這些都不重要。重要的是，我們用什麼心態待人與社會，因為我們的欲望、我們在乎的事、我們做的事，全部由心態決定。**

所以，我們把人分成：第一種對生命的自覺力比較強者，他們面對生命的問題，處理的態度客觀謹慎；第二種人看待生命的角度是偏頗的，只看到片面，他們對於自己說什麼、做什麼都渾然不覺。這兩種人如果在一起生活，彼此不容，狀況應該會很多。而這類例子也不少。他們容易起爭執，雙方都不認為自己與人對立，也都相信自己才是對的，並且辯稱自己喜歡平靜的生活。但事實上，他們做的是另一套——一出口就傷人。表面上看不出攻擊性，說話不直接。仔細觀察就明白，這種人只會虛耗一生與人對立。

人們養成的能力會無時無刻發揮作用，只是自己不曉得罷了。這些能力就藏在潛意識中，並影響著我們的生活，不知不覺中造成嚴重的後果。杜斯妥也夫斯基（Dostoevsky）在他的小說《白癡》（*The Idiot*）裡，將此心理現象描述得非常精彩，令後來的心理學家讚嘆不已。

這一幕是這樣的：在某個社交場合，一位女士語帶嘲弄地提醒公爵，也就是小說的主角，請他小心點，別打破他身旁一只昂貴的中國花瓶。公爵向那名女士保證，他一定會小心。結果，沒過幾分鐘，花瓶就碎了一地。在場無人認為這是單純的意外，每個人都覺得很正常，男主角受到女士言語上的侮辱，依他的個性就會這麼做。

所以，當我們在判斷一個人時，千萬不能只看他們在意識層面上產生的言行舉止。他們不知不覺中所說的話、做的事，往往有助於我們瞭解他們真正的本性。

像是有些人會有咬指甲、挖鼻孔等這類不雅習慣。然而，他們不曉得這麼做，等於是向大家宣布自己個性固執。他們不曉得為什麼會養成這種習慣，但我們可以肯定的是，他們小時候若因這種習慣而經常挨罵也都還改不掉的話，就能得知他們確實固執。如果我們觀察人的經驗夠純熟，當看到這些重要的小細節，便可以知道他們是什麼樣的人。

從接下來的兩個案例，我們要來看看，為什麼潛意識裡的思維活動，必須停留在潛意識的層面，這是很重要的心理機制。我們的心靈有能力主導意識層面的心理活動。只要是心靈覺得有必要的事，它會讓這些事浮上意識層面；反之，只要心靈覺得這樣做可以鞏固自己的行為模式，就會讓這些事沉入潛意識層面，或者把這些事從意識區趕入潛意識區。

第一個案例是一名少年，他是長子，有個妹妹。在他十歲那年，母親過世了，父親從此不得不承擔教養子女的責任。其父親是個聰明、善良、正直的人，盡心盡力栽培兒子，鼓勵他立定遠大志向，要有所作為。少年一直保持班上第一名，學業表現很出色，尤其是科學這一科，而且操行優良，是天生領袖。他父親很高興，因為他在兒子小時候就期盼他以後做個風雲人物。

後來，少年表現出某些特點，讓父親很憂心，想要改變他。少年的妹妹長大後，成了他的勁敵。她很有本事，但她是將弱點當作武器來吸引別人注意，把哥哥比下去。她很會料理家務，這點哥哥不是她的對手。

少年發現，想要在家事上獲得肯定與重視太難了。但換成其他領域，他就能輕鬆達成。沒多久，父親注意到兒子的社交生活出現異常，而且愈接近青春期就愈明顯。其實，少年不容易結交新朋友，因此根本沒有社交生活可言。如果新朋友是異性，他會直接逃走。起初，父親不覺得這有什麼好奇怪的，可是男孩後來封閉到幾乎不出家門，直到天黑他才肯出門走走。

雖然他在學校的表現、對父親的態度，始終無可挑剔，但他卻愈漸封閉，最後連老朋友都懶得理睬。

之後，情形嚴重到大家不曉得該拿他怎麼辦。父親最終帶男孩來看醫生，經過幾次診療鑑定，我們很快就發現問題出在哪裡：男孩說自己的耳朵太小，大家覺得他很醜。但事實並非如此。我們告訴他，他的耳朵與其他人沒有差別。我們發現，這是他拿來當作躲避人群的藉口。他只好又說，他的牙齒和頭髮也很醜。這當然也不是真的。

從他的言談看得出，這個人企圖心旺盛，他也清楚自己企圖心很強。他認為，自己會出現這種特質，是因為父親不斷激勵他──人要往高處爬，並且愈高愈好。

男孩以後想當個偉大的科學家。要不是因為他後來變得連一般的社交活動也不參與，這樣的想法本來是不會引起注意的。他為什麼會把這麼幼稚的論點當藉口？如果他對自己外表的看法是正確的，那他的日子會過得這麼緊張不安也倒合理。因為，我們的文明的確對於相貌不好的人不太友善。

從進一步的診察來看，我們發現，男孩懷著強烈的企圖心，循著特定目標前進。他在過去一直是班上的佼佼者，想當永遠的第一名。有許多方法可以達到這個目標，好比說：專心、勤奮等等。但他覺得這樣做還不夠，他打算排除生命中所有的雜務。

或許，他曾對自己這樣說：「因為我以後要當個名人，要把所有精力全部用在科學研究上。所以，我必須排除一切人際關係，這些都不重要。」

不過，他沒這樣說過，也沒這樣想過——至少在意識層面沒有。他反而是把長相醜陋當成藉口，來實現個人目標。他把這類不重要的小事誇大，才得以把自己真正想做的事情合理化。現在的他只管編造理由、醜化自己的外貌，以便繼續追逐內心的目標。如果他說，自己想要學隱士般過著禁欲的生活，專心朝著目標前進，這樣旁人至少還能理解他的行為。但問題是，潛意識裡的他一心努力想當個大人物，但意識層面的他卻不知道自己有這項目標。

他從沒想過，要不惜犧牲生命的一切以達到目的。如果意識層面的他決定了，同時也公開宣布，為了以後要成為偉大的科學家，要勇敢放棄生命中的一切，那他現在就不會說出自己很醜，所以不敢與人來往這種話。況且，任何人只要公開表示自己渴望當第一名，當最優秀的人，為了實現目標，願意捨棄所有人際關係，一定會成為笑柄。他想到這點就害怕。

有些想法我們不能太公開，一來是顧慮到別人，二來是為了自己。為了這個緣故，男孩把自己的目標藏在潛意識之中。

對於這樣的人，如果我們讓他看清楚自己的動機，讓他知道自己的內心正在悄悄做些什麼，那他們一定不敢正視。因為，看了就一定會動搖到心靈的平衡機制，行為模式也會跟著不見。這個人想盡辦法努力掩蓋的事情，終於攤在陽光下！他潛意識裡的想法，現在被看得一清二楚。之前沒想到的事情、薄弱的觀點、慣性思維，一旦被意識層面的自己察覺到了，整個行為就會亂了套。這是人類普遍的心理現象：**人人都會緊緊抓住可以把自己行為合理化的想法，排斥所有不利自己執行目標的想法**。人們只敢做一些在自我認知裡，對自己有益的事。舉凡**對自己有益的事，我們承認它的存在；所有對自己造成妨礙的，我們會把它壓入潛意識**。

> 第二個案例的主角，是一名很有才華的少年。他的父親是老師，不時叮嚀兒子一定要在班上拿第一名。這男孩也是從小就表現得相當傑出，無論到哪都是風雲人物。他在自己的朋友圈裡人緣非常好，有幾個感情很好的朋友。

十八歲那年，他卻出現了重大變化。他覺得人生沒有樂趣可言，變得沮喪、徬徨，情況嚴重到不與外界互動。剛結交的朋友，沒多久就絕交。大家都不曉得他是怎麼了。但是，他的父親反倒希望，封閉的生活能讓兒子更全心投入課業。

在治療過程中，男孩不斷抱怨父親剝奪他生活的樂趣，害他失去信心與勇氣，不曉得人生怎麼走下去。他覺得做什麼事都沒有意義，這輩子只能獨自在悲傷中度過。他的學業表現變得低落，大學成績被當。他解釋說，他的生命會出現轉變，是因為在某次社交場合上，朋友嘲笑他不懂現代文學。而類似這樣的經驗不只一次，導致他開始孤立自己，避開人群。他總覺得，人生過得不順遂都是父親的錯，父子關係自此愈來愈惡劣。

前後兩個案例有許多共同點。第一個案例，患者的挫折感來自妹妹的競爭。但在第二個案例，患者覺得父親有錯，與父親不合。兩位患者同樣陷入一種所謂的英雄原型（註：heroic ideal，指的是遠大的理想，當某領域的佼佼者）的觀念裡。兩人都陶醉在自己的英雄原型思想，與現實生活完全脫節，垂頭喪氣，只想放棄全部，不再努力。即便如此，我們也很難相信，這案例的事主會直接對自己說：「既然我不能當個英雄人物，那乾脆逃避生活，一輩子獨自在悲傷中度過算了。」

當然，他的父親有錯在先。但男孩的眼裡顯然只看到父親不當的教育方式，一直抱怨這點。他想把自己逃避人群的行為合理化，所以只好把父親的教育方式想得很糟，逃避社會成為他的唯一解決之道，這樣就再也不會有挫折感，他可以把自己的不幸全部怪到父親頭上。唯有如此，他才得以挽回一點尊嚴，成全自己的優越感。他有著輝煌的過去，大好前程受阻全是父親的錯──由於父親不當的管教，使得他的美好前途就此中斷。

因此我們認為，在他們腦海中可能潛藏這樣的思路：「生命這條路愈來愈難走。我知道自己沒辦法當永遠的第一名，乾脆退出人生的戰場。」可是，絕對不能有這種念頭，絕對不可以說出這種話來。然而，從他們的行為卻看得出，他們內心深處確實這麼想，並且找到其他理由支持這個論點。只要把所有的過錯推給父親教養不當，他就能逃避社會，逃避人生所有的責任。這種想法一旦浮上意識層面，那麼他們行為背後的祕密動機就會曝光。所以，這種想法始終妥善保留在潛意識層面。他們以前表現得這麼優秀，誰敢說他們能力不好？萬一之後表現得不夠出色，也絕對沒有人會責備他們。他一定要追究，父親的教育方式所產生的負面影響。兒子一人扮演了法官、原告、被告等多重角色，這麼有利的角色，他何必放棄？他很清楚，只要這個當兒子的繼續把責任怪罪到父親身上，黑鍋就永遠給父親扛。

5——夢境所傳遞的訊息

人們普遍相信，從夢境可以知道一個人的個性。與歌德同時期的思想家李登伯格（Lichtenberg）這樣說過，如果要推測一個人的個性和本質，與其觀察他們的言行，不如從他們的夢境下手。這樣說有點言過其實。我們的看法是，分析他人心理必須非常謹慎，看到單一現象不足以成為判斷依據，必須結合其他心理現象。因此，我們不會僅僅根據夢境來判斷一個人的個性，還必須找到其他相關佐證才行。

夢境的解析從史前時代就有了。我們研究了不同年代的文明發展史，尤其在神話和冒險故事找到許多證據。所得到的結論是，從前的人們比現在的我們更重視夢的解析。我們也發現，那個時代的人們比現在的我們更瞭解夢境的意義。如何證實這一點？不要忘了，夢境對於古希臘人的生活有多麼重要。另外，哲人西賽羅（Cicero）在一本書中也提過夢，而聖經裡面也有許多關於夢境的敘述，這些都是明證。不僅如此，聖經記載的夢境通常都詮釋得很巧妙，大家好像天生懂得怎麼詮釋夢境，知道夢的意義。比方說，約瑟做了關於捆麥子的夢，他將夢境告訴他的兄弟。源自不同文化的北歐神話尼伯龍根（Nibelungen）英雄故事，也說明了夢境確實被當作瞭解人性的佐證。

如果我們把夢境當作研究和學習人類心靈的方法，這樣我們比較不會和那些專門研究夢境的人一樣，只想從夢境和夢的解析中找到奇幻、超自然的因素。我們什麼時候能把夢境當成瞭解人性的佐證？只有當我們可以找到其他更詳細的證據，才可以把夢境作為判斷依據。

時至今日，還是不少人相信夢境對於未來有特別的意義。有些理想主義者走火入魔，完全依照夢境行事。我們有一名患者就是這樣，他寧願放棄大好工作，把人生耗在股票上。他習慣以自己的夢境作為下注的依據。他用許多過去的經驗證明：只要不遵循夢境的指示，就會不順利。當然，他做的夢一定與他白天最在乎的事情有關。也就是說，他用夢境來鼓勵自己繼續賭博。有段時間，他常對人說，自己玩股票贏這麼多錢，都是托夢境之福。可是，後來他卻說，夢境對他沒任何助益。看來，他應該是把錢全輸光了。股市投機客輸錢是常有的事，和夢境沒有干係，與神奇的力量也沒有關聯。

一個人如果白天對某件事太投入，連晚上睡覺都在思考怎麼解決問題。有些人完全不睡覺，醒著的時間全用來煩惱問題該怎麼辦；有的人即便睡了，卻忙著在夢中進行自己的計劃。入睡時，夢境這種奇怪的現象佔據了我們的思緒，它是串起昨天和明天的橋梁。如果我們曉得一個人對生命的態度，曉得這個人如何把這一刻和下一刻串連起來，通常就可以瞭解，這個人在夢中怎麼形成這個特殊的串連機制，夢境才能成為判斷的依據。換言之，**一個人對生命的態度，就是夢境的來源**。

有位年輕女子做了這樣的夢：她夢見丈夫忘了他們的結婚紀念日，她在責備他。這個夢有幾層可能意義。如果這件事確實發生過，那表示他們的婚姻出問題了，妻子覺得被冷落。她解釋說，其實夢中的她也曾忘了結婚紀念日，最後會即時想起，但丈夫每次都要她提醒，她比他好一些。我們繼續詢問才知道，在現實生活中，這種事根本沒發生過，她的先生從沒忘記他們的結婚紀念日。

從這個夢我們明白，女子習慣擔心未來，擔心這種事情會發生。我們可以進一步推斷，她應該常常責備人，且是沒憑沒據地責備人，老是想像一些可能發生的事來嘮叨先生。

不過，手邊如果沒有其他證據可以支持我們的推論，我們仍無法確定剛才的詮釋是否正確。詢問她的童年經驗記得什麼，女子說，有件事她從小到現在一直記得。她說，三歲那年，她的阿姨送她一只木湯匙，她很得意。但是，有一回她把玩湯匙的時候，湯匙不小心落入溪流漂走。這件事令她傷心了好幾天，弄得週遭的人也很擔心。從這個夢我們這樣推測，她現在又開始煩惱自己的婚姻會不會也離她而去。萬一她的丈夫忘記結婚紀念日該怎麼辦？

她還曾夢見，有一回先生帶她爬上一棟高樓，階梯愈來愈陡。她覺得自己好像爬太高了，開始暈眩起來，感到焦慮，最後暈倒了。我們醒著的時候也有類似的感受，譬如站在高處會頭暈，其實站在高處會頭暈，不是因為害怕往上看，是害怕往下看。

對照這兩個夢境，將夢中的想法、感覺、內容結合，我們明顯看出，女子擔心自己會摔落，怕被傷害，怕發生不幸。我們猜測，她擔心的不幸應該是先生有一天不再愛她，萬一先生和她在某方面已經不再契合了，該怎麼辦？說不定他們的婚姻就要破裂了。或許會發生爭吵，或許會發生肢體衝突，結局是，妻子會暈倒。因為，有一回兩人吵架，就的確發生了這樣的事。

現在，我們愈來愈接近夢的意義了。夢裡在想什麼、有什麼情緒反應，或者夢境以什麼意象表現，這些不是很重要。重點是，**夢的題材是有意義的，夢境確實傳遞了某種訊息。一個人在白天遇到的問題，在夢裡會以比喻的方式呈現。**

女子的夢境彷彿在說：「不要爬太高，以免跌得太重！」我們不妨回想一下歌德在〈婚姻之歌〉（*Marriage Song*）呈現的夢境——有位騎士返回故鄉，發現自己的城堡已經荒蕪，筋疲力盡地倒臥於床。在夢裡，他看到床底鑽出幾名小矮人，舉辦一場婚禮。做這個夢他很高興，因為這個夢在告訴他，自己真的需要討個老婆。他在夢裡看到的迷你婚禮，後來出現在現實生活中，換成他慶祝自己的婚禮。

我們在這個夢境看到許多熟悉的元素。首先，我們從這個作品看出，詩人歌德也在思考自己的婚姻。此外，我們也看到，做夢的騎士覺得夢境和自身的實際狀況是有關聯的。他覺得，自己需要結婚，才會夢到結婚，所以隔天一醒來，就決定自己應該結婚了。

現在，我們來看看一位二十八歲年輕人做的夢。夢的曲線高低起伏不定，好比發燒時的體溫變化，代表了男子生命中心靈活動的走向。顯然，是自卑感造成他出現追逐權力與控制欲的性格傾向。他的夢境如下：

我夢見和一大群人乘船旅行。由於我們的船太小了，便在沿途一處停靠站下船，到鎮上過夜。夜裡，有人傳來消息，說船快沉了，所有旅客都被叫去操作幫浦，以免沉船。這時，我想起行李中還有些貴重物品，於是我趕緊衝到船上，看到其他人正忙著用幫浦抽水，我則是想辦法開溜，找到了行李間。我順利地從行李間的窗戶撈出自己的背包。這時，我發現背包旁邊有一把小摺刀，看了很喜歡，就把小摺刀放進背包內。我和一個認識的人趁船身逐漸往下沉的時候，一起從船上跳入海中，游到岸上。

因為碼頭太高，我就沿著碼頭走了一小段路，來到一處陡峭的岩壁，沿著峭壁往下滑。從離開船的那刻起，我再也沒見到先前那位同伴。我移動的速度愈來愈快，很怕會死在這裡。終於，我來到地面便往下一跳，正好站在一位認識的人的面前。

然而，這個人並非先前那位，而是另一個不知名的年輕人，他看起來很親切，曾經參加罷工活動，靜靜地走在罷工人群之中。他一看到我，就開口責備，好像他知道我在船身傾斜時，拋下了船上其他人。

「你在這裡做什麼？」他問。這裡四面望去都是陡峭的岩壁，我很想逃離這個深淵。岩壁上有繩索自上頭垂掛而下，但繩子太細了，我就不敢伸手拉。我想盡辦法爬出深淵，可每次爬沒幾步就滑下來。最後，終於爬到了頂端。但我不曉得自己是怎麼爬上去的。感覺上，我是故意省略夢中這段，大概是我迫不急待想要跳過這段吧。站在深淵的頂端，站在邊緣，我發現前方有一條路，靠懸崖的一邊有籬笆圍著。路上人來人往，看到我都友善地打招呼。

回到現實，我們看一下這位年輕人的生活。我們得到的第一個訊息是，他在五歲以前常常生重病，造成他日後體弱多病。由於身體虛弱，他的父母親總是很擔心，小心翼翼地保護他。他很少接觸其他小朋友。每回他想和大人說話，父母總是告訴他，小孩子要聽話不要講話、小孩不屬於大人的圈子。與他人互動這點，對於社交生活相當重要，但他從就喪失了與他人互動的機會。於是，他的人際關係只剩下父母，致使他的表現比同年齡的孩子落後許多。這樣同伴當然會認為他很笨，他也因此成為眾人的笑柄。這種情況使他交不到朋友。

基於這些因素，他的自卑感愈來愈強，甚至到了極點。他的教育完全由父母一手主導：父親心腸好，但是脾氣暴躁、專制；母親缺乏決斷力，理解力差又蠻橫。雖然父母不斷強調，他們的出發點是好的，可他們的管教顯然過於嚴格。男孩在的成長過程中，變得愈來愈沮喪。

在他童年的回憶裡，他一直都記得有一件大事：那年他三歲，母親罰他跪在豆子上，一跪就是半小時。原因是他不聽話，母親會知道原因，也是他自己說出來的。他被路上騎馬的人嚇過，所以從此不願出門幫母親跑腿。他其實很少挨打，但是只要一挨打，爸媽就用多尾的打狗鞭抽他，而且打完以後一定要他向父母親乞求原諒，說明自己為什麼會挨打。

他父親說：「小孩子必須知道自己哪裡做錯了。」有一次，他被打得很冤枉，但又說不出被打的緣故，所以只能繼續挨打，直到他找別的事來認錯為止。

從小時候起，他就對父母感到很不滿。他的自卑感太強了，從沒想過自己能有贏別人的一天。他的學校生活跟在家裡沒兩樣，經歷一連串大大小小的挫敗。他覺得，自己連一絲絲勝利的滋味也嚐不到。在學校，自兒時至十八歲，一直是眾人嘲笑的對象。某次，竟然連老師也嘲笑起他來，在班上大聲朗讀他的文章，還下了充滿譏諷的評語，說他文筆很差。

種種事情逼得他愈來愈孤僻，與外界自動地疏離是遲早的事。他在對抗父母的過程中，無意間發現一個有效的反擊方法，但代價很高，那就是——拒絕說話。

不說話，等於切斷自己與外界最重要的聯繫管道。因為他不與任何人說話，陷入了孤獨的世界裡。即便被所有人誤解，他也不和任何人說話，尤其是父母。終於，再也沒有人找他說話。如果想帶他重回社會，也是徒勞無功。以後當他想要與他人談感情，也是失敗。他很傷心，他的生命就這樣度過二十八個年頭。強烈的自卑感佔據他整個心靈，結果造成莫名的企圖心：他變得渴望受到重視、贏過他人，這股失控的力量不斷扭曲他對其他人的感覺。他話說得愈少，他的內心世界裡，無論白天或黑夜就愈是充滿各種與勝利成功有關的夢想。

在某個晚上，他做了我們前述的那個夢。從這個夢，我們清楚看到他的心靈是怎麼運作的。最後，我們來回憶西塞羅記述的一段夢境，這是文學作品中很有名的預言夢：希臘詩人西莫尼德斯（Simonides）有一回在路上發現一具無名男屍，他將屍體妥善埋葬。後來，這位死去的老人化作鬼魂，警告正準備出海旅行的詩人不要出發，否則會遭遇船難。西莫尼德斯最終並沒有前往，結果搭上船的乘客全數罹難。根據後來的文獻，那場船難與夢的關聯，讓後人留下無比深刻的印象。

我們在解釋這個夢的時候，千萬不要忘了，那是個船難非常頻繁的年代，許多人搭船的前一晚容易夢見船難。在這類型的夢境當中，詩人這個夢顯得很特別，夢境與現實出現不可思議的巧合，所以這件事才會流傳下來。那些喜歡四處探聽神祕事件的人，對於這類故事總是有很大的興趣。然而，我們必須冷靜理智地分析這個夢。這位詩人說不定根本不想出海旅行，因為他很在乎自己的安危。隨著時間逼近，他必須決定是否出發，又找不到正當的理由來解釋自己為什麼猶豫不決。為此，他預先安排屍體出現，將屍體妥善安葬以後，它回來報恩，預言未來。這樣，詩人取消旅行的決定也就合理化了。如果船沒有沉沒，或許世人永遠也不會知道這個夢和這則故事。人們喜歡聽聳動的故事，從故事中感受到原來天地間存在許多的不可思議。夢境與現實，同樣會反映出一個人處世的態度，我們只要知道這一點，要解釋預言式的夢就沒什麼困難了。

另外，我們也要記住，並非所有的夢都很容易理解——事實上，只有少數的夢可以。很多夢醒後就忘了，只留下特殊的印象，除非我們學過怎麼解夢，否則我們不曉得背後的意義是什麼。**夢境，是以象徵和隱喻的手法表現出一個人的行動與行為模式**。比喻或隱喻的用意在於提供人們一種解決之道，有助於我們面對目前未知的處境。如果我們努力想要解決某個問題，加上我們的個性也點出瞭解決問題的方向，這時只欠缺一股動力把我們朝這個方向推進。

夢，最適合用來強化我們某種情緒，創造解決問題所需的動力。做夢的人不曉得其中的關聯沒關係，只要他們可以找到解決問題的素材與力量就夠了。從夢可以看出一個人的思考模式與特點，也可以看出行為模式。夢，好比一道筆直上升的煙，讓人知道哪裡火在燒。經驗豐富的木匠只要觀察煙，就能辨別是什麼木頭在燃燒；同樣地，心理醫師透過解夢，就能推斷一個人的本質。

總之，我們可以說，**夢境除了代表一個人正在找尋解決問題的方法，也點出了問題的解決之道**。社會意識與追逐權力這兩大因素，在夢中會表現得特別明顯，它們會影響做夢者與自身環境、現實世界的關係。

6——心智能力

我們討論了許多能用來判斷人性的心理現象，但卻漏了一點沒有談到，那就是心智能力。

我們認為，一個人對自己有什麼看法不太重要。因為每個人都有迷失的時候，每個人都會為了別人調整內心的自我形象，運用各種複雜的計策達到這個目的。然而，有一件事是肯定的——即便判斷的依據有限，我們仍能**從一個人的思路和說話方式來判斷他**。所以，如果我們想要對一個人有正確的認識，進行研究時，就不能將思想與說話的因素排除在外。

所謂智力，指的是一種特殊的判斷力。智力，向來是各種觀察報告、研究分析、測驗項目最常探討的主題，其中又以成人與兒童的智力測驗最為人知。目前為止，這些測驗的結果都不太令人滿意。無論找哪些學生進行智力測驗，得到的結果，都是老師不用測驗就能輕易得知的。

起初，實驗心理學家對於推行這項測驗感到自豪，但從某種程度而言，這種測驗似乎多餘。另一個反對智力測驗的原因是，兒童的思考能力、判斷力不會均衡發展，導致許多小朋友雖然智力測驗的分數很差，但幾年後卻展現出過人才能。還有一個需要列入考量的因素就是，居住大都市的孩子，以及來自某些社會階層的孩子，因為見多識廣，參加這類考試較得心應手。這些小孩的智力看起來好像優於其他缺乏相同資源的孩子，但其實這是假象。八到十歲富有人家的小孩，測驗分數會比同年齡家境貧困的小孩還要高。然而，這並不表示有錢人家的小孩就比較聰明，會出現這樣的差異，完全是因為生活環境不同所致。

目前為止，智力測驗的進展很有限。我們檢視了德國柏林與漢堡兩地進行的兒童智力測驗，結果很令人失望：那些考試拿高分的孩子，不少人在學校的表現卻很遜色。這個現象似乎證明了，孩童的智力測驗分數高，不代表他們未來的發展也一帆風順。個體心理學的實驗經得起考驗，因為實驗的目的不在測定某種能力的發展程度，而是要進一步瞭解心智發展過程中，潛藏哪些有利的因素。這些實驗觀察的結果，在適當的時機可以幫助孩子改善自身的狀況。評估孩子的心靈結構時，絕不能把思考能力和判斷力排除在外，必須將這兩個因素與其他心靈活動現象放在一起考量——這就是個體心理學的原則。

第7談

男人與女人之間

人們會感到恐懼，不願意與他人建立親密關係，主要是因為人們被迫在任何時刻都要表現出陽剛的一面，必須無端承受這種壓力，即便必須透過背叛、強迫、蓄意傷害他人等手段達成。如此一來，愛情關係中的坦誠與信任，自然蕩然無存。

1 兩性的分工

根據先前的討論，我們知道，所有的心靈活動皆受兩大性格傾向所控制：社會意識、爭取權力及主導權。這兩大傾向會影響每個人的行為，且對於人們追求安全感以及實現生命三大課題：戀愛、工作、人際關係，也會產生影響。我們若想瞭解人類的內心世界，在評估一個人的心靈活動時，就必須從質與量的關係來探討這兩種傾向。這兩種傾向的關係，會決定一個人能否理解團體生活運作的原則、一個人有多少能力可以因應團體生活的需求，參與勞力分工。

維繫人類社會有賴勞力分工，每個人都必須出一份力。那些不願出力、認為團體生活不重要者則會變得反社會，斷絕自身與他人的關係。具備自大、存心不良、自以為是、好生事端這些特質的人，算是這類型比較單純的。比較複雜的，還包括性情古怪、游手好閒、犯罪等等。公眾會批判這些人格特質，是因為知道這些特質的起因，也明白這些人無法遵守社會生活的要求。

一個人的價值，取決於他們以什麼態度待人，以及他們願意出多少力參與團體生活規範的勞力分工。一個能夠接受團體生活的人，有益於人群，會成為社會體系的一環，任一個環節只要出錯，社會也會動盪不安。一個人能力的強弱，會決定這個人的社會地位。這麼簡單的事實之後卻混淆不清，這是因為人們為了追逐權力與控制權，把錯誤的價值判斷體系帶入正常的勞力分工觀念裡。追逐權力與控制權的心態，不僅扭曲勞力分工的觀念，也扭曲人類價值判斷的基礎。

由於人們不願意在團體中各司其職，加上只顧自身利益，使得勞力分工的秩序被打亂。人們自私的企圖心與對權力的渴望，也會阻礙團體生活與運作。此外，社會階級差異也把問題複雜化。最有利的資源，也就是最大的權力，全部被社會某些階層的人佔據了，而其他階層則被排除在外，這就是強調個人權力與經濟利益所帶來的影響。有這麼多因素在干擾著我們的社會體系，難怪勞力分工的制度一直推行得不順利。勞力分工的觀念一直有外力介入，造成特權族群與弱勢族群。

人類區分為男性與女性，也算勞力分工的一種。因為身體構造的緣故，女性無法從事某些活動；同樣地，有些事沒有分派給男性，是因為他們比較容易勝任其他事情。勞力分工制度應當建立於平權的基礎上，只要不逾越理性冷靜的尺度，婦女解放運動基本上認同這個論點。推行勞力分工，絕不是為了剝奪女性特質，或者打亂和諧的兩性關係。**最理想的狀況，就**

是每個人都能做最適合自己的工作。在人類文明發展的過程中，勞力分工的模式後來演變成女性替男性承擔某些工作，男性才得以在其他領域好好發揮。只要勞力沒被濫用、只要勞心勞力用在對的地方，這樣的兩性分工並無對錯。

2——男性握有主導權？

因為人類的文明向來崇尚個人權力，造成某些個體或者某些社會階層的人，為了鞏固自己的特權，積極追逐權力，結果勞力分工也跟著落入這種趨勢，改變了整個文明的面貌。因此，今日的文明特別強調男性的地位。勞力分工的實行造就了男性特權，他們享有較多優勢，在兩性分工的制度下，取得了主導的地位。具有主導權的男性得以支配女性的活動，造成生活中比較輕鬆的工作由男性獨攬，男性不太願意做的事則交由女性負責。結果，情勢演變成男性一直設法支配女性，女性對於男性居於主導地位則是愈來愈不滿。因兩性關係相互依存，若彼此經常處在這樣的張力下，最後一定會引起紛爭、造成摩擦，這對雙方來說都是痛苦的事。

我們的體制、傳統觀念、法規、道德觀、習俗的形成與維繫，全部由享有特權的男性所主導，目的在於彰顯男性的控制權。這些社會體制在嬰幼兒時期已經發揮影響力，對小孩的心靈影響深遠。孩子不太清楚是什麼力量在影響自己，但他們的情緒卻早已感受到這些力量左右。比方說，要求小男孩穿上女孩子氣的衣服，他一定會大發脾氣，這種情形值得注意。如果任由小男孩追求權力的欲望無止盡地增長，他們便會愈來愈享受這種男性特權。因為，他們知道，身為男性，走到哪裡都處於優勢。

前面提過，現在的父母教育孩子，太過強調追求權力的重要。加上父親若是代表家中握有大權的人，孩子自然養成習慣，將誇大男性特權視為理所當然。假設父親行蹤不定，孩子則經常看得到母親，就會對父親較為好奇。他們很快就發現父親的地位很重要。父親像個帶頭的人，安排大小事，無論到哪裡都像個領袖。孩子看到大家都聽命於父親，母親做事會徵求父親的意見，不管怎麼看，父親都像手中握有大權的人。有的孩子認為，父親即為典範，父親說的話肯定都是對的。為了證明自己的觀點正確，他們會拿父親說過的話來背書。即便某些時候，父親的影響力並不明顯，孩子們依然覺得父親在背後主導一切。表面上，父親扛起整個家庭重擔，其實這只不過是勞力分工的結果，讓父親得以好好發揮自己的能力。

男性的優勢地位究竟是怎麼開始的？關於這一點，我們必須強調，這個現象並非自然產生。

這是龐大的法律體系製造出來的，目的在於保障男性的主導權。這也顯示出，在立法主張男性主導權之前的年代，男性特權應該沒有被這麼地彰顯。歷史告訴我們，以前確實出現過母權至上的社會型態。在那個年代，因為孩子的緣故，母親的地位很重要。族裡的男子對於具有母親身分的人必須非常敬重，這種古老的體制在某些文化習俗還看得出痕跡，像是，父母親對孩子介紹陌生男子時，一律稱這是某某舅父（註：在母系社會，舅權是社會權力結構中重要的組成。進入父系社會後，舅權弱化）、那是某某表兄。可以想見，從母系社過渡到父權至上的社會，一定經過激烈的衝突。所以，那些認為男性特權是自然演變而來的男士們，一旦發現原來男性並非天生享有特權，而是爭取來的，應該會很驚訝。男性取得權力，代表女性要服從。從法律條文的演變來看這點，就清楚多了。因為律法見證了這段權力轉移的漫長過程。

男性握有主導權不是自然而然的。證據顯示，男性的優勢地位演變自原始部落間的戰爭。而在爭戰的過程中，男性戰士的身分是相當有利的角色。最後，他們利用這樣的優勢穩固自己的領袖位置，達到目的。與男性優勢地位的演變同時發展的，還有領土權與繼承權，這些都是男性取得主導地位的工具。在過程中，男性通常會成功取得並佔有領土。

然而，成長中的孩子不需要從書本上知道這麼多。儘管他們對於這些歷史一無所知，他們照樣感覺得到，男性是家中最具優勢者。即便他們的父母很有遠見，不理會古代傳承下來的特權，主張男女平等，孩子還是會覺得男性是有特權的。所以，要讓孩子明瞭母親操持家務和父親外出上班一樣重要，並不容易。

試想，一個小男孩如果從小就體驗到無所不在的男性優勢，他會怎麼想呢？從他出生那天起，他比女孩還受歡迎，因為父母偏愛男孩是不爭的事實。男孩繼承父親的形象，他發現人生每跨出一步，他的權力就愈大，社會地位也愈高。他們從日常閒談或雜事發現，男性的地位很重要。男孩的家裡若有女性僕傭，心裡更加會認為男性比較重要，更相信出現在他週遭的女性根本不可能與男性平起平坐。

所有女性在婚前，都該問問自己未來另一半一個很重要的問題：「你對男性擁有主導權──尤其在家中，有什麼看法？」可惜，這問題通常無解。

我們發現，女性有時候會努力爭取平等，有時卻又表現出順從的一面。相較之下，男性的態度比較篤定，他們從小就堅信自己的地位很重要。男性把這樣的信念解釋為自己責無旁貸的本分，以男性的優越感處理生活中與社會上所遇到的各種問題。

孩子從這樣的關係中經歷了各種情況。他從許多地方看到女性的本質，發現女性的地位很可悲。於是，男孩的成長就此染上鮮明的男性色彩。爭取權力是他們心中值得努力的目標，而這樣的目標是百分之百的男性特質與男性價值觀所組成。典型的男性特質就在這樣的權力關係中滋長，這就是它的起源。

有些特質被視為陽剛，有些則被視為陰柔，這樣區分其實沒有道理可言。當我們比較男孩與女孩的心理狀態，也找到證據支持這樣的分法，但別忘了，這不是自然產生的現象，而是人類行為受到權力觀念制約的結果。權力會對人們形成一股約束的力量，逼得人們不得不朝某個方向前進。

雖然所謂陽剛與陰柔的特質之區分，並無標準，但是我們發現，人們經常利用這兩種特質來達到追求權力的目標。也就是說，人們為了爭取權力，有時候會表現出所謂的陰柔特質，像是聽話與順從。聽話的小孩有時比叛逆的小孩更受到關注，這是優點；但其實，兩種特質都與追求權力有關。正是因為追求權力有太多表現手法，所以我們在探索人的內心世界時，容易遇到阻礙。

培養男子氣概，是男孩在成長過程中必備的一門功課。男孩的企圖心、對權力與優越感的渴望，和培養男子氣概這門功課絕對有密切關聯。對渴望權力的男孩來說，光是知道自己是男子漢是不夠的，他們必須證明自己是男人，所以他們擁有特權。為了達成這個目標，他們除了努力超越別人，還要想盡辦法壓制住身邊所有女性。他們會根據旁人抗拒的程度，再決定用什麼方式完成目標，看是堅持對抗到底，還是使用狡猾詭詐的手段。

因為強勢的男性特質向來被當作一把尺，用來衡量每個人，難怪我們也常拿這個標準來要求男孩。後來，男孩也會拿這來衡量自己，觀察自己的行為舉止，問自己這樣夠不夠陽剛？像不像十足的男子漢？

我們現在所認知的「陽剛」，多半指的是一種標準的自我本位思想，一種可以滿足個人虛榮心、控制他人的優越感。有這種心態的人，通常表現出積極的人格特質，如：勇氣、耐力、責任感、各方面都贏過別人——尤其是女性、取得地位與頭銜、擺出冷酷的一面以去除所謂的陰柔特質。**因為陽剛特質與支配權畫上等號，所以人們才會不斷努力想超越他人。**

於是，男孩把看到的所有成年男性特質，尤其是父親的，變成自己的。在社會上，這種後天學來浮誇的自我形象處處可見。男孩在小小年紀，就被逼得必須努力爭取權力與特權，這就是所謂的「男子氣概」。這種特質若往不好的方向發展，就會展現出粗魯與野蠻的一面。

當男人擁有這麼多好處，確實吸引人。很多女孩也因此把男子氣概當作一種理想，可這種理想通常是她們內心難以實現的願望，也是她們用來評斷自身行為的標準，可能表現在她們的行為或者外表上。在我們的文化，幾乎每個女人都想當男人。我們發現這樣的女孩有一股難以克制的欲望，很想表現出自己與眾不同的一面。打個比方，那些在體格上比較適合男孩進行的遊戲或活動，她們會參與。她們會爬樹，寧可和男生玩也不和女生玩，不參加適合女生的遊戲，覺得很丟臉。專門做些只有男生才從事的活動，讓她們有成就感。爭取優勢地位的重點與活動本身無關，而是人們賦予活動的意義。我們只要明瞭這點，就不難理解女生為什麼這麼崇尚男子氣概。

3——壓抑女性的地位是為了掩飾男性的不安感

男性對於自己的優勢地位，往往自稱是自然得來的。他們認為，男性主導一切，女性的地位自是矮一截。人們普遍認為女性地位卑下，但**這種偏見，背後反應出男性內心的不安**。這種感受很可能和久遠的母系社會時代反抗母權有關。那時，女性是男性焦慮的來源。我們在文學作品和歷史裡經常看到類似觀點。有位拉丁作家寫過：「女人令男人困惑不安。」在神學文集裡，女性是否有靈魂是個很具爭議的話題；學術論文也經常討論女性到底算不算是人類。迫害女巫、燒死女巫的悲慘事件歷時幾個世紀，見證了那個年代錯誤的觀念，帶給人們極度的不安與困惑。

女人經常被視為萬惡之源，比方說，聖經裡人類原罪的觀念、古希臘詩人荷馬創作的史詩《伊里亞德》（*Iliad*）中，海倫的故事告訴我們，一個女人就足以讓所有族人陷入災難。每個時代的傳說與童話故事，內容都與女性道德感低落、邪惡、虛偽、背叛、善變等等特質有關。

打官司辯論時，常有人用「女人很愚蠢」這種說法。除了對女性有偏見之外，女性的才能、勤奮也經常受到貶低。無論在文學作品或者一般人常用的譬喻、趣聞、格言、笑話等等，處處可見貶低女性的言論，責罵女人狠毒、心胸狹隘、愚笨等等。

有些人的批判毫不留情，一心想證明女性的地位卑下。這些人包括斯特林堡（Strindberg）、莫比烏斯（Moebius）、叔本華（Schopenhauer）、魏寧格（Weininger）等男性，他們都支持這種論點。而不少女性逆來順受的表現，讓抱持這種看法的男性態度愈來愈堅定。這些人主張，女性的本分就是順從。雖然男女的工作同樣重要，但女性的薪水卻總是少於男性，這點也證明了，女性地位和女性所從事的工作，是被看輕的。

比較男女在智力與才能方面的表現，我們會發現某些科目，譬如：數學，男生展現較高的天分；女生則在其他科目表現比較出色，像是：語言。男生對於有助於他們以後找到專屬男性工作的學科，表現得確實優於女生，但是這種能力被誇大了。只要仔細研究女性的處境，我們會發現所謂女性能力不足這事，根本純屬虛構。

如果女性每天都聽到「女生沒有男生能幹，只能做一些不太重要的工作」這種論調，聽久了也會深信女性命運悲慘，難以扭轉。加上自小缺乏訓練，因此會真的以為自身能力不足。

女生經常被澆冷水，即便有機會從事男性化的職業，也會說服自己對那種工作不感興趣。就算真的有興趣，最後也會由於各方面的準備不充分，導致熱度很快消退。

這樣看來，所謂女性能力不足的說法似乎是正確的。之所以如此，原因有二：人們經常從純利益的觀點去衡量一個人的價值，不然就是自私地僅考量個人得失。一旦有了這樣的偏見，一個人的表現、能力以及心靈成長必會出現很大的落差。從這裡衍生出第二個原因，就是——女性能力差這種謬論。有一件事容易被忽略，就是女孩從出生那天起，週遭的人便一直灌輸她錯誤觀念，故意剝奪女孩的自我認知、粉碎她們的自信、使她們失去希望，以為自己做什麼都不會成功。如果她們這種偏見愈來愈深，也老是看到都是女性在做卑微的工作，那麼遲早會失去勇氣，無法扛起人生的責任，無力解決生命的難題，最後就真的變成什麼都不會！

我們今天若從一個人所有的人際關係下手，削弱這個人的自尊心，把他推入一事無成的絕望深淵，剝奪他們的勇氣，讓他們覺得自己做什麼都不會有結果。假設我們辦到了，有人敢說自己這樣做是正確的嗎？我們當然要承認，他們的不幸是我們造成的！

要讓活在這個文明社會裡的女孩失去信心和勇氣，是很容易的。我們從幾項智力測驗結果發現到一個有趣的現象：組別年紀在十四到十八歲之間的女孩，在智力與才能的表現，比其他年齡組別更出色，包括男生在內。進一步研究顯示，這些女孩的家庭背景有個共通點：母親是家中唯一的經濟支柱，或者是主要的經濟來源。這意味著，女性能力不足的偏見在這些女孩的家庭並不存在。或說，即便存在，影響也相當小。這樣的女孩親眼看到母親努力工作的成果，所以她們在成長過程少了許多束縛，自主性也較強。那些關於女性能力低落的說法，對她們完全沒有影響。

還有一點可以證明這種偏見是有問題的。我們看到不少女性在許多領域的表現與男性一樣傑出，例如：文學、藝術、工藝、醫學。一事無成的男性也大有人在，這些人的能力甚至差到極點。所以，要證明男性才是能力低下的一方，一點也不難。

女性能力差這種偏見，引發許多嚴重後果，其中之一，就是兩性明顯被區分為兩種類型。「陽剛」代表有價值的、有影響力的、成功的；「陰柔」表示順從、卑屈、附屬。人們這種想法根深蒂固，以致於在我們這個社會，舉凡令人讚賞的特質，都帶有陽剛色彩，而比較沒有價值或者帶有輕蔑意味的，都屬於陰柔特質。男性最受不了別人說他們「像個女人」這種嚴重侮辱。但女性如果被別人說她們「頗中性的」就不是侮辱。任何事只要讓人聯想到女性特質，就一定低了一等。

女性矮人一截這種謬論，表面上好像可以找到相關的人格特質作為佐證，但只要仔細觀察就不難發現，這只不過是壓抑心靈成長的一種方法。我們沒有把握把每個把孩子都變成天才，可是要把大人變成庸才，絕對辦得到。當然，我們不會這樣做，但卻有人這麼做了，而且做得過分。在這個年代，比起男孩，女孩更容易遭遇到這種不幸。此外，我們以前曾見過一些看起來資質平庸的小孩，突然間變成小天才，真是不可思議！

姻這類人際關係。即便結婚了，她可能會破壞婚姻的和諧，因為她想贏過自己的丈夫！這類的女性做家務的意願很低，會以間接或直接的方式表達出來，證明自己完全沒有做家事的天分。

這類型的女孩行為相當男性化，試圖平衡大男人心態帶來的弊害，一直努力抗拒女性特質。她被貼上「野丫頭」、「男人婆」、「男性化」等這類標籤，但這種標籤是在錯誤的觀念下產生的。許多人都相信，女生會出現這種特質是與生俱來，因為具有男性體質或者內分泌腺，才會表現得男性化。然而，綜觀人類歷史我們會發現，女性承受了很多壓力，遭遇了種種限制，逼得她們不得不低頭，到現在還是這樣，這不是一般人可以忍受的，她們勢必要反抗。她們反抗的方式，往往走「男性化」的路線，原因很簡單，因為這世上只有兩種性別。我們的人生只有兩種走法：要不是把理想的女性形象當作指標，不然就是把理想的男性形象當作指標前進。拋棄女性形象就會展現陽剛的一面，反之亦然。這並不是什麼內分泌腺的作用造成的，而是因為在某個特定的時空背景下，沒有其他選擇所致。我們絕不能忽視女性在心靈成長過程中遇到的困境。除非，我們可以保證每位女性能與男性的地位完全平等。否則，女性面對生活與社會時，會有不平的感受，也是理所當然。

第二型的女性，以逆來順受的心態過生活。她們對生活的適應力、順從與謙卑的程度到了不可思議的地步。表面上她們什麼環境都能適應，隨處落地生根，但其實內心很無助，笨手笨腳地什麼事都辦不了。她們脆弱的時候可能會表現出精神有狀況，傳遞出需要別人關注的訊息。從這裡看得出，她們是怎麼被教出來的，錯誤的生活方式與精神問題如何經常相伴出現，造成她們完全無法融入社會生活。她們太「完美」了，但卻生病了，以致於面對生命各種問題，連基本的應付能力也沒有。週遭的人對她永遠不滿意。她們的順從、謙卑、自我壓抑也是一種抗議，她們和第一類型的女性一樣在反抗，她們清楚地表達了：「這樣生活使我不快樂！」

第三類的女性則不會反抗自己的女性定位，她們心裡有一種受罪意識，覺得自己注定要當次等人，注定要在生命中當他人的附屬品。她們完全接受女性地位低下這種說法；也完全相信，只有男性才能有所作為。所以，她支持男性特權。她拉高分貝大聲讚美男性，歌頌男性是做大事的人、是有所作為的人，她們主張男性應該享有特殊地位。她們就算覺得自己無能，也會毫不掩飾地表現出來，就好像她們需要他人認同自己的無能那樣。然而，這種心態只是反抗的前奏曲，她們的反抗需要長時間醞釀。為了反擊，他們會將婚姻關係應盡的責任全部推到丈夫身上，輕易地丟一句話給對方：「這些事只有男人才有辦法！」

雖然女性的能力被人看輕，但子女的教養責任多半卻落在女性身上。我們現在根據教養子女這項重責大任，來分析這三種類型的女性。在這個階段，對於這三類女性我們現在可以區分得較為清楚。第一型的女性陽剛、跋扈，把心思都用在如何懲罰小孩，對小孩造成極大壓力，小孩當然會想辦法避免。這種教育方式如果奏效，容易演變成沒有意義的軍事化訓練。小孩通常認為這種母親不會教育孩子。母親習慣大聲嚷嚷、大驚小怪，一定會產生負面影響：女孩很可能會模仿母親，男孩則是一輩子都活在恐懼中。我們發現，在母親壓制下成長的男孩，通常會盡量迴避女性，好像他們被打了預防針，靠近女性會痛苦，完全無法相信女人，形成兩性壁壘分明的局面。有些研究人員認為，這是人類體內男性與女性元素分配不均所致，但是這種反常的現象，我們一看就知道為什麼。

第二型的女性同樣不會教導小孩。她們有時候會懷疑孩子很快就發現她們自信不足，擔心管不住孩子。在這種情形下，母親會再三嘮叨、責罵不停，威脅小孩要找父親來處理。她們把男性找來管教小孩，等於再度暴露自己的缺點，表示不相信自己可以管好孩子。她逃避教養的責任，好像自己的存在只為了證明這件事唯有男性才辦得到。這樣的女性把教養的責任丟給丈夫和老師，自己袖手旁觀也不覺歉疚，只因她們認為，自己沒有這種能力。

有些女生把崇高的理想當藉口來逃避生活，對女性角色的不滿更明顯。她們明顯無法認同自己的女性角色。類似的情形也出現在年紀輕輕就進入職場的女性，因為工作意味著獨立自主，有助於她們逃離結婚的壓力。但拒絕女性定位，才是她們的真正動機。

那麼，那些結了婚的女性，是不是代表她們自願承擔女性的角色呢？結婚其實並不代表女性一定認同自己的女性角色。有位三十六歲的女患者就是典型案例：

她向醫師說，自己有很多精神方面的問題。她是家中長女，父親年紀很大，母親個性霸道。當她的母親還是年輕美麗的少女時，就嫁給了老先生。這點不禁讓我們懷疑，她母親結婚的動機是否和拒絕承擔女性角色多少有關聯。

她父母的婚姻並不幸福。母親管家時經常大呼小叫，不管他人高興與否，全都要聽她行事，老先生總是被逼到無路可退。女兒說，母親甚至不允許父親躺在沙發上休息。母親把精力全用在維持家庭運作應有的「紀律」上。她覺得，強制執行紀律是應該的。

這名患者小時候就相當能幹，是父親的掌上明珠。但是，母親一直對她不滿意，造成兩人關係緊張。後來，母親最疼愛的弟弟出生了，這使得她與母親之間的關係更趨惡化。

小女孩知道父親站在自己這邊，父親在其他方面會再三忍讓，但女兒如果陷入了不利的處境，他便會挺身而出。所以，她打從心底討厭母親。

母女兩人的戰局僵持不下，母親的潔癖，成了女兒最愛攻擊的弱點。母親的潔癖已到了吹毛求疵的地步，她規定家中女僕摸過門把以後一定要擦過才行。小女孩故意把家裡到處弄得髒兮兮，自己也穿得髒兮兮，只要逮到機會，就破壞家中的整潔。

小女孩發展出的個性特質與母親的期待完全相反，這清楚證明了性格並非遺傳。如果小孩發展出一些專門氣死母親的個性特質，這背後一定有計謀，可能是刻意，也可能是出於潛意識。

她八歲時，情況依舊。父親永遠站在女兒這一邊，母親則老是板著一張臉，講話尖酸刻薄，強制施行她的律法，時常責備女兒。她懷恨在心，好勝心強，說話特別喜歡挖苦母親，故意找母親麻煩。

由於弟弟有心臟瓣膜方面的疾病，讓整個情勢變得更複雜。弟弟是母親最疼愛的孩子，他以生病緊緊抓住母親的注意力。父母與子女之間的互動明顯出現障礙。小女孩就是在這種環境下長大的。母女之間的恨意至今仍未消解，關係惡劣到極點。

患者後來莫名其妙得了精神方面的疾病。她用惡念對付母親的同時，也折磨了自己，所以生病了，做什麼都不順利。最後，她突然轉而投入宗教，但卻沒有幫助。過了一段時日，那些惡念不見了，她覺得應該是藥物起了功效，但其實應該和母親被迫採取防禦姿態有關。然而，那些惡念還是殘留著，這點從她非常害怕打雷和閃電可以看得出。

她相信，打雷和閃電是因為她問心有愧才出現的，有一天她一定會因為自己的惡念遭雷劈死。我們看得出，這時的小女孩有多想要從這種對母親的仇恨中解脫。就這樣，小女孩長大了，前程似錦。老師對她的評語是：「這女孩只想做什麼都會成功！」這句話對她影響很大，但這句話本身沒什麼意義。小女孩把它解讀成：「只要我想要，沒什麼辦不到。」她把這句話用來實踐她與母親之間的戰爭，兩人關係愈趨惡化。

女孩進入青春期後，容貌出眾，已經到了適婚年齡，追求者眾多。但由於她說話過於刻薄，致使每段戀情皆告吹。之後，她覺得只有一位男性吸引她。那名男子住她家附近，是個上了年紀的人。大家都很擔心女子會嫁給他，但因為那男子搬離了，所以也沒促成這樁婚事。

她直到二十六歲仍孤家寡人。這對於她們剛搬進來的這個社區來說，是一件大事，沒人知道是為什麼，因為大家都不曉得她的過去。由於她從小就習慣用激烈的方式反抗母親，她變得愈來愈愛與人爭吵，與人對立讓她有勝利的快感。母親的行為常常激怒她，而她也不斷找尋其他方法製造勝利的快感。激烈的言語衝突讓她得到極大的快感。從這當中看得出她的虛榮心，她喜歡唇槍舌戰，這是她唯一可以打敗對手的地方，她的「陽剛」特質在此表露無遺。

在二十六歲那年，她認識一位很有地位的男士，他不但沒有被她好辯的個性嚇走，反而很殷勤地追求她。他表現得很謙虛、百依百順。身邊的親人不斷給她壓力，希望她嫁給他；她只好不斷對親人解釋，說自己很不喜歡他，不會嫁給他。如果我們知道她的個性，就不會覺得這有什麼奇怪。但是，連續拒絕了兩年，最終她還是接受了他，她很有把握，相信自己已經收服了他，要他做什麼他都會聽。她內心悄悄盼望，希望自己找到了父親的翻版，一個會乖乖順從自己意願的人。

她很快地就發現自己錯了。婚後沒幾天，她的丈夫坐在房裡抽菸斗，一派輕鬆地看報紙。早上出門上班，晚上準時回家用餐，要是晚餐這時還沒準備好，就會小小抱怨幾句。他要求她做到清潔、溫柔、準時等等一些不太合理的請求，她沒有料到要面臨這些。她以為，他們的夫妻關係會類似她與父親的互動方式，結果完全不是。

她從美夢中驚醒。她對丈夫的要求愈多，丈夫不僅同意得愈少，甚至更常暗示她不要忘了自己是家庭主婦，結果反而令她更不想做家務。只要一逮到機會，她就提醒丈夫，他沒有權利命令她做這些事。因為，她婚前曾經明白告訴他，她不喜歡他。但他卻不為所動，照樣對她下令，讓她覺得未來一片黯淡。這位正直謙恭的男子在追求女方的階段，沉醉其中，渾然忘我，一旦女子為他所有，那種沉醉感立刻消失。

即便她當了母親，夫妻倆還是一樣不和。成為母親的她又多了一份責任。這時，她與母親的關係更為惡劣，母親站在女婿那方積極袒護。待在這種砲聲隆隆、戰火不斷的環境裡，丈夫有時候不免錯怪她，態度不夠體貼；而女方的抱怨也不是每一次都是錯的。丈夫的行為，是因為妻子太過冷漠所致；而女方的冷漠，則是因為她無法認同自己的女性特質。她本以為自己可以當個永遠的女皇，悠哉度日，身旁有人聽令於她。她只想過這樣的生活。

現在她能怎麼辦？她應該和丈夫離婚，回到母親身邊，宣告自己戰敗了？她完全無法獨立生活，因為沒有人這樣教過她。離婚對她來說是種侮辱，也有損她的虛榮心。她的日子很悲慘：一邊是先生在批評她，另一邊則是母親持重砲轟炸她，要她養成乾淨整潔的習慣。

突然間，她變得愛乾淨、愛整潔了！她會洗洗刷刷，一整天都在做清潔工作。好像她終於想通，總算把母親多年來的教訓聽進去。看到情況突然轉變，患者肯把書桌、裝飾櫃、衣櫃清空打掃一番，她的母親應該很開心，先生一定也很滿意才對。但是，她好像做得走火入魔了。她長時間來回四處清掃，直到屋裡沒有半點地方需要刷洗為止。她打掃得相當賣力，所以只要有人弄髒了，她就會感到困擾。而別人也因為她過於賣力，感到困擾。當她將某樣東西擦乾淨，一旦被人碰觸到，她就必須再擦一遍。而且，這件事只有她能做！

那些無法認同自身女性特質的女性，最容易出現這種不停清洗擦拭的病症。她們藉由這種方式來抬高自己，愛整潔是她最高尚的美德，這是那些不常打理自己的女性所比不上的。她這麼努力，下意識是要毀了整個家。比起別人，她的家已經夠整潔了。所以她的目的不是維持整潔，而是讓整個家不得安寧。

像這種只做到表面上認同女性定位的例子很多。這位患者沒有什麼女性朋友，和其他人也處不來，更不懂得體諒他人。她的生活模式與我們預期的非常吻合。

我們必須找出比較妥善的方法來教育女孩，培養她們良好的適應能力，以便面對未來生活。但是，即便在最理想的環境下，還是可能出現這種在生活中出現適應困難的情形。任何對人類心理見解深刻者，都會認為「女性地位卑下」這個論點是錯的。不過，這個論點在這個時代有法律與傳統在撐腰。在社會上，到處看得到這種錯誤的見解，我們必須提高警覺心，修正這種錯誤行為；我們必須對抗這種錯誤觀念，不是因為我們對女性的尊重已經超乎常理，而是這種荒謬的見解否定了整個社會的運作原理。

在此，我們順便討論另一種經常用來貶低女性的用詞，「危險年齡」。所謂危險年齡，指的是五十歲左右的女性某方面的人格特質會變得特別明顯。對女性而言，停經後的身體變化，象徵著她們失去了過去生命中所有的重要東西，痛苦的日子即將開始。在這種情況下，她們的地位岌岌可危，她們會比以前更努力，想盡辦法來鞏固自身地位。

我們文明對人的看法是，人只有在盛年的表現才是有價值的，所以對於正在老去的人來說，尤其上了年紀的女性，在此時所遇到的問題會更加棘手。完全否定年長女性的社會價值，這樣不僅傷害女性，也傷害他人。我們不能只從一個人在盛年的表現，來論定其價值。就算年齡增長了、活動力衰退了，在年輕力盛時努力達到的成就仍然是屬於自己的。我們不能因為一個人老了，就把這個人從社會人際關係中的精神與物質層面除去。對女性做這種事，簡直是侮辱與壓迫。想想看，青春期的少女如果想到未來人生會變成這樣，會有多麼焦慮。女性特質不會因為停經而消逝。而且，**肯定的是，一個人的名譽與價值會超越時間**。

5——兩性的拉鋸戰

前面討論了一些不幸的案例，追究這些問題的根源，都怪我們的社會出了問題。社會上充滿各種偏見，偏見的觸角延伸到各個層面，到處可見。女性地位低下這種謬論與其所帶來的後果，加上「男性地位優越」這些觀念打亂了和諧的兩性關係。男女之間出現不尋常的緊張感，威脅甚至完全毀壞兩性之間原本應有的幸福與快樂。原本應該充滿愛的生活，被這種緊張給汙染、扭曲、腐蝕。這也說明了，為什麼我們看到的婚姻通常都不太幸福、為什麼這麼多孩子長大後，覺得結婚是一件很麻煩、很冒險的事。

我們在前面討論過的偏見，使得孩子無法好好認識生命到底是什麼。很多女子把婚姻當作生命的一種緊急出口；很多男人與女人把結婚當作一種不得已的事。

從兩性之間的緊張衍生出的種種問題，現在蔓延開來。而這樣的緊張蔓延得愈廣，就會有愈多的年輕女孩不願意承擔社會施加在她們身上的性別角色。至於男性，他們的優越感只會更強，儘管這樣的行為是有問題的。

想要正確認同自己的性別，必須建立在平等互惠的關係之上，這樣兩性相處才能真正平等。兩性中的一方若是屈從於另一方，就像一國被另一國統治般令人難受。這個問題是我們每個人都應該好好思考的，因為任一方錯誤的心態會引發更多衝突；這個問題成了我們生活中的一部分，相當重要，我們每個人都捲入其中。而且在這個年代，這個問題變得愈來愈複雜。因為，小孩會被逼到，對和自己性別不同的人，表現出貶低與否定的行為模式。

平和的教育方式當然可以克服這些障礙，但由於我們的生活步調過快，加上缺乏實證有效的教育方式，還有社會競爭的本質已經擴展到幼兒時期，人們未來的性格傾向在此階段就已經被殘酷地定型了。人們會感到恐懼，不願意與他人建立親密關係，主要是因為人們被迫在任何時刻都要表現出陽剛的一面，必須無端承受這種壓力，即便必須透過背叛、強迫、蓄意傷害他人等手段達成。如此一來，愛情關係中的坦誠與信任，自然蕩然無存。傳說中的情聖唐璜，藉由不斷征服女人這點來證明自己的男子氣概。兩性之間普遍存在這種不信任感，使得人與人不再真誠相待，最後受苦的是人類自己。將男性特質過度理想化的人，只會不停追求挑戰，驅策自己前進，永不休止，最後變得虛榮、自我膨脹，只會維持優越姿態的假象。這些對於維繫健全的生命共同體來說，當然是不利的。我們沒有理由反對女性爭取自由解放，甚至有責任支持女性爭取自由與平等。人類如果希望過得幸福，前提是女性能認同自己的性別定位；男性若想要找到與女性和平相處之道，也是以此為前提。

6——別扮演不適合自己的角色

在所有以改善兩性關係為目的的社會體制，以男女合校最為重要。這種制度並沒有得到普遍認同。有人贊成，有人反對。贊成的人提出有力的論點，他們說，透過男女合校，兩性可以提前好好認識彼此。彼此有了這層認識，多少可以避免錯誤的偏見以及偏見造成的不良後果。反對者的說法是，男孩與女孩在求學階段的差異已經很大了，男女同校只不過是讓彼此差異的鴻溝加深，因為男生會倍感壓力。男生會有壓力，是因為求學時期同齡女生的心靈成長比男生快。男生原本就必須努力維持優越的姿態、必須證明自己的能力比別人強。可是，一旦男女合校，他們就會突然覺得，自己的優勢地位實際上和肥皂泡泡沒什麼兩樣，一下子就被戳破了。有些研究人員認為，男女同校中的男孩，在女孩面前比較容易焦慮，缺乏自信。

上述這些不同論點各有幾分道理，但男女合校這件事，我們必須從兩性競爭的角度來看，知道兩性會相互較量誰的天分、能力比較強，才知道適用於哪個論點。對老師和學生而言，如果男女合校是這樣的意義，這樣實行起來是會造成傷害的。老師對於男女合校應該有正確的認知——所謂正確的認知，指的是他們曉得男女合校的目的，在於教導和訓練學生學習兩性未來要怎麼合作、如何一起分擔工作。如果我們找不到這樣的老師，那麼合校無論怎麼做，都一定會失敗。而反對合校的人終於證實，他們不看好合校會成功是對的。

要有文人般的創造力，才能將兩性之間整個情形說個清楚，我們頂多提出幾個要點來討論。青春期少女容易覺得自己比不過人，我們前面提過器官缺陷的代償機制，同樣適用於她們身上。唯一不同的是，她們會覺得自己能力差，是受到環境壓迫之故，被迫跳入這種行為模式的框架內。許多研究人員即使觀察力敏銳，有時也不免會落入這種思維陷阱裡，認為女性能力確實較差。這種謬論造成兩性最後全掉入權力角力的泥淖中，每個人都想扮演不適合自己的角色。下

第8談

從家中排行認識自己

孩子只要有了社會意識，任何障礙都影響不了他們。但是，在當前這個社會，人們沒什麼機會培養社會意識，所以就要特別注意小孩所遭遇到的困難。只要我們體認到這點，就能理解為什麼這麼多人一輩子都在掙扎，覺得生命很悲傷。

我們不斷地提醒大家注意，在評斷一個人之前，必須先瞭解這個人的成長背景。像是，孩子在家中排行第幾就影響很大。等到累積足夠的經驗之後，通常就能依據這個觀點，將人分門別類，辨認出他是老大、獨生子女，還是老么。

老么

大家都知道，老么這類型的孩子很特別。在許多童話、傳說、聖經故事裡，老么的形象比較刻板。事實上，老么成長的條件與其他人很不同。對父母而言，老么很特別，也因此尤其受到關愛。老么不僅是家中最年幼，通常也是身體最弱小的，需要別人幫忙。相對於兄姊獨立自主的能力較強，幼弱的老么在成長過程中所得到溫暖會比其他人多。

因此，老么會發展出許多個性特點，對他們日後的生活態度，以及人格成長都影響很深。然而要注意的是，有個情況似乎與我們的理論相互衝突：沒有人喜歡當最小的。由於么兒讓人不放心，無法交代他們事情。但這樣反倒會刺激老么努力證明自己什麼都會。他們追求權力的傾向會更明顯。我們發現，**老么會發展出強烈的企圖心，渴望超越所有人**，不當最強的就不會滿意。

我們看過有些老么在各方面表現超過兄姊，成為家中能力最強的孩子，這類型的老么並不少。不過，我們也曾見過另一類比較沒那麼幸運的么兒，因為比起兄姊，他們本來就缺少一些做事經驗與自信，雖然也想超越家中其他成員，但就是辦不到。如果無法超越家中兄姊，老么通常會逃避工作，變得退縮，養成一種不斷找藉口拖延的習慣，逃避責任。但是，他們的企圖心不會因此減弱，企圖心只是轉化形式，變成用來幫助自己逃離某種環境的手段。**他們會逃避生命中必須面對的問題，改做別的事來滿足自己的企圖心**。一旦遇上能力受到考驗的場合，他們會盡可能地逃避。

許多讀者一定認為：老么很自卑，看起來總是一副被人冷落的模樣。我們從研究報告發現，若有這方面精神困擾的患者來看診，我們一定看得出他們的自卑感，也能夠推斷出其心靈發展的特質與傾向。從這個角度來說，老么好比一個生下來就有器官缺陷的孩子，他們感受到的與實際情況是有落差的。究竟發生了什麼事呢？這個人是不是真的能力比較差？這些都不重要。重點是，這個人如何解讀自己的際遇。我們都知道小孩很容易犯錯，因為童年是個充滿疑問的階段，充滿各種可能性與結果。

養育孩子的人，到底該怎麼教育孩子呢？是不是應該特別鞭策小孩，激發出他們的虛榮心？該不該常常把他們推到聚光燈下，當個永遠的第一名？以這種做法來面臨生活中的挑戰，是行不通的。經驗告訴我們，一個人是否為第一名，其實沒什麼差別。我們應當反過來強調：當個第一名或者最傑出的人並不重要。什麼第一名，什麼最傑出的人……我們聽膩了這種話。歷史和經驗皆已證明，幸不幸福和當個第一名或者最傑出的人，毫無關係。如果老是灌輸小孩當第一名這種觀念，只會讓他們的人生觀變得狹隘，剝奪他們與他人好好相處的機會。

被灌輸這種觀念長大的孩子，頭一個效應就是滿腦子只想到自己，一天到晚只想著別人會不會贏過他。忌妒和厭惡同年齡的人，擔心自己位置不保，這些念頭在他們的心靈滋長。他們在生命中扮演年紀最小的超速跑者，努力想要跑贏所有人。他們心中住著賽跑選手、馬拉松選手的靈魂，這些從他們的言行舉止就看得出來，尤其是一些細微的動作，譬如：有的小孩一定要走在隊伍最前面，受不了別人走在自己前面。這種競賽的心態在很多小孩身上都能看到。

這類老么爭第一的行為，有的會表現得相當明顯。我們發現，有些老么雖然積極能幹，能力很強，成了家族裡的救星。聖經中的約瑟就是一例，他是這類老么的最佳例證。

從第一型衍生出來的另一種老么心態，也很常見。想想看，馬拉松型的老么跑到一半突然遇到障礙，可是又沒把握能夠順利跨越，會怎麼做？他們會想辦法繞道而行，閃避問題。這一型的老么如果喪失了勇氣，就會變成不折不扣的膽小鬼。他們會逃離戰場最前線，隨便一件工作都令他們覺得是苦差事。他們變得很會推拖，不做正事，把精力拿來浪費時間。現實生活中只要面臨衝突，他們一定失敗。

他們做事習慣避開競爭的場合，也習慣替自己的失敗找藉口。他們可能會說自己能力不夠、太受呵護，或者兄姊不讓他們自己來等等……用這些話來安慰自己。如果加上他們的身體真的有缺陷，那麼他們的命運將會變得更加坎坷，更會好好利用自己的弱點替自己的失敗開脫。

上述兩種類型的老么都不容易與他人好好相處。第一型老么在強調競爭的環境裡特別優游自在，他們會犧牲他人利益，好讓自己內心獲得平靜；第二型老么則是受到自卑感的箝制，無法與生命和解，痛苦一輩子。

老大

家中老大的性格特點也很鮮明。首先，**他們的排行對於其心靈成長是極為有利的條件**。綜觀歷史，我們發現，第一個孩子的地位確實特別優越。對許多民族以及不同社會階層的人們來說，老大這種優勢地位已是一種傳統。

以歐洲農民為例，家中長子從小體認到自己是老大，終有一日會接管農場。而其他孩子則明白，自己最終必須離開父親的農場。因此，長子會覺得自己的地位優於家裡其他孩子。在其他社會階層的家庭，一般認為長子以後要當家。雖然這種傳統不見得每個地方都會實行，好比說生活簡單的中產階級與無產階級家庭。但是，第一個孩子在他們所身處的環境裡，確實是父母眼中能力強、見多識廣的好幫手。可以想見，這種經常被人託付重責大任的孩子有多重要。他們心中一定常常這樣想：「你長得又大又強，年紀又最長，所以也是最聰明的，別人都比不上。」

家中老大如果沒遇到任何阻礙，持續朝這個方向成長，他們日後通常會發展出法治人員這類的人格特質。這種人最重視權力。這種觀念不僅用來擴張個人權力，也會影響他們對權力的評估。對老大來說，權力來得理所當然。老大本來就很重要，必須受人尊敬，所以這種人通常也特別保守。

老二

追求權力的情形出現家中老二身上，也有麻煩之處。**老二經常在壓力下努力爭取優勢。想要與他人一較高下的心態，會形成他們生命的目標，展現在他們的所作所為**。因為已經有人搶在他們前面，奪得了權力，這對老二形成強烈的行動誘因。假使老二的能力發展到足以與老大相抗衡的地步，他們會全力向前衝。至於權力在握的老大，只要老二對他們還不構成威脅，對於自己的地位是相當放心的。

聖經裡有一段哥哥以掃和弟弟雅各的故事，將老大與老二之間的衝突描述得非常生動。故事中，兄弟一直處在對立狀態，兩人爭奪的不是什麼實權，而是一種權力的象徵。像這樣老二持續努力爭奪權力一段時間後，最後的結果不是達成目標，推翻了老大，就是老二戰敗，然後撤退。這時，他們通常會出現精神疾病。老二的忌妒心態有點類似貧窮階級的人民，覺得自己被人看輕、不受重視。老二有時候把目標訂得太高了，一輩子為此所苦，內心無法平靜。之所以如此，不是因為現實生活的衝擊，而是因為他們一直在追逐虛幻不實的目標。

獨生子女

家中獨子的處境也很特別，他未來是好是壞，完全看環境提供了什麼樣的教育。由於父母親教育的對象只有一個，所以他們會把一切的心力用來教育孩子。**獨生子女因此變得依賴心強，經常在等人指引自己該怎麼做，老是在找人幫忙**。他們一輩子都被好好呵護著，生命中的障礙總是有人事先代為移除，所以他們習慣風平浪靜的日子。因為獨子是眾人關心的焦點，所以他們會以為，自己真的是重要人物。而就是這樣讓他們的處境不利，人生觀也不免出問題。假若父母親知道這點，就有機會預防這類事情發生，但這始終是不容易解決的問題。

家中只有一個孩子的父母親會特別小心翼翼，因為他們經歷過大風大浪，所以容易把孩子照顧得太周到。孩子則是會把父母的關注與告誡當作一種壓力。父母過於注意子女健康，會讓孩子覺得在這個世界上生存並非易事。小孩會害怕逆境，缺乏處理問題的能力，很笨拙，因為他們的人生只體驗過順境。這樣的小孩也缺乏獨立行動的能力，遲早會變成沒用之人。他們的人生最後是災難一場，和什麼也不做的寄生蟲沒兩樣。別人忙著照顧他們的需求，他們只負責享受生命。

家裡有很多哥哥姊姊，這種性別混雜相互競爭的例子也很常見。要評估這種競爭關係很困難。我們以家中只有一個男生，很多女生的家庭為例，在這種家庭，女性的影響力最大，男性被擠到角落。加上如果他是老么，他一定覺得自己被一群女性團團包圍。他在努力爭取認同的過程中，會遭遇很大困難。他會覺得，到處都是壓力，完全感受不到這個無知的社會賦予男性的特權。在這種人的性格裡，有個明顯的特點，就是長期缺乏安全感，沒有能力判斷自己作為一個人的價值在哪裡。身邊這麼多女性令他倍感威脅，讓他覺得當男人沒什麼光彩。由於女性帶給他們的壓力太大了，致使這樣的男人容易喪失勇氣與自信，但也有可能變得更積極地去追求成就。至於他們最後會朝哪個方向發展，則需視其他相關現象而定。

我們看到，**家中排行對一個人生下來就有的本能直覺、行為反應、能力天賦產生影響**。而這個論點推翻了，所謂個性或才能為家族遺傳的假說。這種假說對於教育下一代造成很大的阻礙。家族遺傳的例子當然是有的，舉例來說，有的小孩在成長過程中缺少父母的陪伴，還是會表現出若干所謂家族遺傳的特質。如果還記得在前述說過，遺傳性的身體缺陷，可能造成小孩在成長過程中出現某種偏差，這個例子也就不難理解了。

假如孩子生下來就有健康問題，那麼他們以後面臨生活的本分與週遭的人們時，也比較容易緊張焦慮。還有，要是這個小孩的父親也剛好一出生有類似的身體缺陷，而且日常生活同樣是這麼緊張，通常也容易出現類似的個性與偏差。由這角度來看，個性是家族遺傳這種說法，證據很薄弱。

從之前的討論，我們可以說，在孩子成長過程所面臨的各種問題當中，就屬控制欲造成的下場最為嚴重。他們把追求權力當作個人優勢，希望把同儕比下去。在我們的社會裡，這種人的成長很容易被逼出一種固定模式。如果我們不希望孩子出現這種有害的成長模式，就必須瞭解他們遇到什麼困難。我們可以從一種基本觀念下手——培養社會意識，這個方法有助於解決所有問題。孩子只要有了社會意識，任何障礙都影響不了他們。但是，在當前這個社會，人們沒什麼機會培養社會意識，所以就要特別注意小孩所遭遇到的困難。只要我們體認到這點，就能理解為什麼這麼多人一輩子都在掙扎，覺得生命很悲傷。我們必須知道，他們都是心靈成長出現偏差的受害者，人生觀才會跟著出問題。

因此，在評論他人時，我們的態度要謙虛，絕不可以從道德角度評斷他人行為，不可批判一個人的道德價值。反之，我們應該把這方面的知識應用到社會，看到行為出現偏差、誤入歧途者，要有同理心。因為，我們比當事人更清楚他們出了什麼問題。這裡帶出了另一個重要的議題——教育。只要找到錯誤的根源，等於手中握有重要的利器，有助於找到解決之道。藉由分析一個人的心理結構和心靈成長模式，我們不僅可以瞭解一個人的過去，也可以預測他們未來可能會怎麼發展。因為有了專業知識，我們對於人究竟是什麼，有了比較清晰的概念，也慢慢地比較能看出人的價值在哪裡，這樣，就不會是平板的輪廓，而是活潑且有生命的。

第2部

性格分析

第1談

性格概論

人與人之間的關係，取決於各自社會意識的強弱程度。而社會意識的強弱，又與追求個人權勢的欲望強弱成反比。這是一場不同力量消長的比賽。而就是這樣的力量，形成了我們的性格。

1——性格是為了順應生存環境的外顯行為

所謂的性格，指的是一個人為了順應生存的環境，努力改變自己而表現在外的某些行為。

性格，是一種與社會化有關的概念。當我們提到性格特點時，必須考量一個人與環境的關係。好比《魯賓遜漂流記》（*Robinson Crusoe*）的主角魯賓遜個性如何，光從名字來看無法得知。**性格是一種心靈態度，是人們處在某種環境下，表現出來的特性與本質**。人們在追求個人優越感時，會根據一套行為模式來行動，而這套行為模式反映出了他們的社會意識。

前面已經討論過，追求優越感與權力、超越他人這樣的人生目標，會主導人們的言行舉止。這個目標會改變一個人對世界的觀點，形塑其行為模式，把他的心理活動以各種方式表現出來。性格特質只不過是一個人的生活方式與行為模式表現在外的現象。我們可以從這裡瞭解到，一個人在面對環境、人群、社會、生存的考驗時，會採取什麼做法。性格特點是一個人為求他人肯定與重視所運用的工具或策略，相當於謀生技能。

個性並非如一般人所說的來自家族遺傳，但也非與生俱來。個性好比一種生存模式，有助於人們無論面臨什麼環境，在不用經過刻意思考的情形下，在生活中展現個人特質。性格特質是後天養成的，讓我們在生活中可以維持某種慣性的生活步調。譬如，小孩的惰性不是天生的。他們懶惰，是因為他們以為這樣活著會輕鬆些，同時又能維持某種優越感。懶惰，有時也是人們追逐權力的一種方式。人們遭遇挫折時，為了保住面子，會把原因歸咎於先天缺陷。他們通常都是這樣自我反省的：「如果我沒有這方面的缺陷，就能一展長才。可惜，我就是有缺陷。」還有一種人，因為努力追逐個人權力，長期與環境格格不入，為在環境中取得優勢，他們會發展出各種有助於奪得權力的人格特質，例如：企圖心、忌妒、懷疑等等。我們認為，個性特質是人格的一部分，但它們確實不具遺傳性，也不是永遠不變。透過仔細觀察，可以發現，個性特質的形成，對於行為模式的建立是必要且應該的。有的人在年紀很小時，特質就已經很明顯了。個性是因為人們內心有個祕密目標在追尋而形成的。所以，必須從目的論的角度來評斷一個人的個性為何。

前面有說過，一個人的生活方式、所做之事、言行舉止、地位，與個人目標的關係密不可分。無論我們想什麼、做什麼，腦海中一定有個明確的目標作為依據。在小孩內心深處，這個目標早已悄悄成形，很早就主導著他們的心靈成長。目標會形塑一個人的生命並賦予生命意義。一個與眾不同的生命個體，就是這樣形成。一個人在生命中的一舉一動，背後都有一個目標在推動。所以，只要我們明瞭一個人的行為模式，看到他們的一個舉動，就能瞭解這是什麼樣的人。

一個人的心理現象與個性特質，和遺傳沒什麼關係。現實環境中找不到具體證據可以證實個性是遺傳而來的。當我們仔細觀察一個人的心理現象，會發現很多習慣在很小的時候就形成了，容易讓人以為這是遺傳的結果。**一個家庭、國家或者種族裡的成員，經常表現出相同的性格特點，多半是人們相互模仿或者心理投射的結果**。對青少年來說，在這個社會上看到的各種身心現象相當重要，因為這些現象會刺激他們模仿。

對於知識的渴望，有時候會以「看」的形式表現，這種情形經常出現在視覺器官功能有障礙的孩子身上，他們容易出現求知欲強的特質，但這種特質的形成不是出於他們的需要。但是，如果孩子的行為模式需要納入這種求知欲的特質，可能會轉變成另一種個性特質。比方，他們每件事都要追根究柢，把每樣東西都拆解開來才甘心。這樣的孩子很可能會變成書呆子。

對於有聽力障礙的人，也可以用相同方法來評估他們對環境不信任的程度。在我們的社會，這類孩子的處境是比較危險的，因此他們的危機意識也比較強烈。他們容易被人嘲笑、看輕，經常被當成身障人士。而這些因素是疑心病形成的關鍵。聽不到聲音，生活就少了許多樂趣，自然也對環境產生敵意。但如果說他們天生就有疑心病，則是毫無根據。同樣地，罪犯性格是與生俱來的這種說法，也很荒謬。有人說，罪犯大都來自同一個家庭，這個論點我們可以找到有力的反證。我們發現，在罪犯家裡，犯罪通常有前例可循，有人建立壞榜樣。出自這種家庭的孩子，小時候就已經被人教導，偷竊也算是一種謀生方式。

希望獲得認同感的特質，也能用同樣的方式來評估。孩子在生命中會遇到許多難題，所以在成長過程中，免不了要爭取某種形式的成就感。不管他們以什麼方式爭取，這些方式是可以相互轉換的；對於爭取認同感這個問題，每個人的處理態度不盡相同。觀察發現，孩子的人格特質與父母親相同。而要解釋這種現象，很容易。孩子追求個人成就感，會把身邊已經小有成就、受人尊敬的人作為模仿的典範。代代都是這樣從上一代模仿來的，上一代在追求權力所產生的問題，在下一代會保留下來。

追求優越感這種目標，不可以讓別人知道。社會意識不允許這個祕密洩漏出來，目標必須祕密進行，必須隱藏在友善的面具之下。但是，我們仍必須強調，人與人之間如果能夠多認識彼此一點，這種目標就不會無止盡地生長。要是我們每個人都能有一雙銳利明亮的眼睛，可以一眼看穿週遭的人是什麼個性，那我們不但能夠好好保護自己，也能讓他人無法施展個人權力，因為他們會覺得沒有必要這麼做。如此一來，掩蓋權力目標的神祕面紗自然會掉落。研究清楚這些關係，並好好運用我們從個案所得到的證據，一切是值得的。

我們生存的環境如此複雜，在生活中要學到正確的知識很不容易，因為人們沒辦法透過教育這個重要的工具培養洞察力。現今教育唯一的功能，就是將未經篩選的所有知識全數推到小孩子面前，讓他們自己想辦法吸收、消化，能接收多少算多少，完全沒想過要怎麼激發他們學習的興趣。有不少學校的教育方式甚至只是做做樣子。「瞭解人性」這麼重要的教育目標，至今還是沒有人好好重視。我們這一輩的人以前也是在學校學習如何瞭解人性。我們學會辨別是非，懂得之間的差異。我們有待學習的是，如何修正自己的觀念。還沒學好的功課成了缺陷，影響我們的生活，一直為此所苦。

即使我們已經是成人了，卻依然把小時候養成的偏見與錯誤觀點當作圭臬在遵守，透過它們看世界。我們到現在還不曉得自己已經被複雜的文明體制攪得一團亂，還以為自己可以看清楚世間的真相。這其實根本不可能。因為，我們把自尊抬得高高的，只會用這樣的角度來看世界，最後只會造成自我的勢力愈來愈大。

在衡量一個人的思想與行為時，一定是建立在社會意識的基礎上。我們必須堅守這個觀點，因為社會上的每一個成員都是生命共同體。我們必須知道，自己對人群是有責任的。我們是社會的一分子，必須根據團體運作的原則過生活。也就是說，我們需要透過某種既定的準則，才能判斷一個人。一個人的社會意識強弱與否，是我們用來衡量一個人有多少價值的唯一指標，而且放諸四海皆準。沒有一個人可以完全離群索居。我們對社會其他人是有責任的，不能逃避這點，內心的社會意識不斷提醒著我們這個事實。但這並不是說，社會意識一直存在我們的意識層面。然而，可以肯定的是，要否定社會意識的存在並推翻它，需要下很大的決心。因為人人都有社會意識，每個人決定做什麼之前，必須先問過自己內心的社會意識。我們的行為與思考是否恰當，一定會經過潛意識裡團體歸屬感的審核。假如不恰當，我們也會替自己的行為找理由開脫。從這裡衍生出一種特殊的生存、思想、行動方面的技巧：即便我們的社會意識不像他人一樣健全，還是會努力表現出自己是個有社會意識的人，騙自己是這樣的人。換言之，**社會意識可以是一種偽裝，用來掩飾我們某些性格傾向**。揭穿這些性格傾向的真面目，有助於我們正確解讀一個人的行為或者判斷一個人。正是因為社會意識有偽裝的一面，所以要評估一個人社會意識的強弱並不容易。這也是為什麼如果想從科學的角度來瞭解人性，也不容易。現在，舉幾個例子來證明社會意識如何被濫用。

有名年輕人說，他曾與一群朋友游到一座島嶼，在那裡消磨時間。結果，有個同伴探身到懸崖邊，失去重心而跌入海中。這名年輕人很好奇，但就只是傾身向前看著自己的夥伴墜入海中。事後他回憶起這件事，不覺得自己是出自好奇心才上前探看。雖然跌入海中的人後來獲救了，但是對於敘述這件事的男子，我們肯定他缺乏社會意識。即便他對我們說，他這輩子從沒傷害過任何人，和朋友的關係也還不錯，也不會改變我們對他的判斷。

我們敢如此假設，當然有其他證據做後盾。這名年輕人常做的一個白日夢是，他自己一人關在森林中的一間小屋裡，遠離人群。這副景象也是他圖畫中常見的主題。只要對幻覺有所認識，也瞭解這個人的背景，很快就能從這個人的夢境看出，他相當缺乏社會意識。撇開是非對錯，我們必須說，這個人的心靈成長出了問題，阻礙社會意識正常發展，這樣說對他比較公平。

再來，我們用一則小故事看看社會意識的真與假差別在哪裡。

有位老婆婆在準備搭公車的時候，不慎滑倒在雪地上，爬不起來，很多人從她身旁匆匆走過，就是無人注意到她的處境。後來，總算有名男子扶她起身。這時，一直躲在附近的一名男子跳出來，走到老婆婆身邊，對那位拯救老人家的紳士說：「謝天謝地！我總算等到有良心的人出現了。我在這裡站了五分鐘，一直在等，看看有沒有人會拉老婆婆一把。結果你是第一位！」從這個事件可以看出人們怎麼濫用社會意識，只做表面工夫。這名男子玩的把戲很容易拆穿：他擺出法官的姿態，讚美別人、批判別人，自己卻目睹一切且袖手旁觀。

有些情形更複雜，很難判斷他們的社會意識到底是強還是弱。在某個案例，有一位將軍明知戰爭大勢已去，卻依然逼迫成千上百的士兵做無謂的犧牲。將軍當然認為，這樣做是為了國家利益，許多人也同意他的做法。但是，無論他如何替自己辯解，怎麼樣都稱不上是個真正會替別人著想的人。

遇到這些不易確定的例子，我們需要建立一套通則，以便做出正確判斷。要找到這樣的原則，可以從社會利益、人類的整體幸福也就是公眾福祉來著手。一旦確立這個原則，之後難以判斷的案例就會大幅減少。

社會意識的多寡，可以從每個人的日常活動看出來。人們的言行舉止就是明顯的指標，好比說，看人的眼神、與人握手的方式、說話的方式。有時候，眼前這是什麼樣的人，幾乎憑直覺就能知道，且留下深刻的印象。我們觀察人類的行為時，偶爾也會不知不覺地做出這種概括的結論。換言之，我們的觀點其實有相當的比例還是取決於這種結論。

在前面這些討論裡，我們一直把這種直覺印象帶入意識層面，讓我們可以檢驗、評估它，最終目的是希望在評斷人時不要犯下大錯。將直覺印象轉移到意識面的功用，在於減少偏見。因為當我們任由自己的判斷力在不知不覺中形成時，無法知道自己該怎麼做，也沒有機會修正，這正是偏見發揮作用的時刻。

我們再度強調，評估一個人的人格，必須對這個人的生活背景、環境有所瞭解，並完全以此為根據。如果我們把某個單一現象從整個生命背景抽離，只憑單一現象來評斷人。像是，**我們只考慮一個人的身體狀況、或者只論他們的生活背景、所受的教育等等，做出的結論一定會有錯誤**。因此，我們所強調的主張意義重大。這個論點可以立即卸下人類肩負的大部分重擔。對於我們自己認識得更多，加上懂得正確的生活方式，最後一定能研究出符合人類需求、理想的行為模式。運用我們的方法來改善他人，尤其是小孩，避免人們莫可奈何地被命運盲目地牽著走。人們再也不會只因為來自不幸的家庭，或者遺傳性健康問題，注定過著悲慘生活。若完成這個任務，我們的文明將會向前邁進一大步，下一代會愈來愈勇敢，他們明白，命運就掌握在自己手中！

3——人格發展的方向

一個人的整體人格表現中，最明顯的性格特點必定與他自小就開始成形的心靈成長方向同步。心靈成長方向可能呈直線發展，也或許出現叉路與迂迴路徑。如果屬於第一種情形，孩子努力實現個人目標的方式是直線發展，會發展出積極、勇敢的人格。在人格發展初期，通常表現出這種積極進取的特點，但之後往往會出現轉變。孩子遭遇的挑戰可能來自他們的競爭對手。對於孩子追求優越感的目標，對手會強力地反制，直接正面攻擊。孩子只好想辦法繞道而行，閃避這些難題；這樣一繞道，就會形成另一種特殊的性格特點。其他會阻礙孩子成長的難題，還包括身體器官缺陷、來自環境的打擊等等這些對他們也會產生類似的效應。另外，大環境的條件，例如這個世界，以及每個人一定會遇到的老師，這些因素也很重要。生活在這個文明世界上遇到的每件事，像是老師的要求、質疑、情緒，最後都會影響孩子的人格成長。**教育學生的所有方法，必須引領他們朝著融入社會與當前主流文化背景的方向來發展**。

採取直線路徑的孩子可以直接面對問題，不受干擾；而採迂迴路徑的孩子則完全是另一種情形，他們知道對手會打擊他們，所以會小心謹慎，技巧性地繞道來實踐內心對於權力與期待他人認同的渴望。他們實現個人目的的方式究竟有多迂迴到影響他們的心理成長？他們是否會變得過度謹慎？是否與生活必須做的事同調？有沒有逃避生活中應該做的事？這些都取決於前面所提過的因素。如果他們不願意直接面對自己的職責與問題；如果他們失去勇氣，變膽小了，拒絕直視他人眼睛，或者不敢說真話，那麼這類的小孩就是完全不同的類型，與第一型直接面對的勇敢小孩迥異。然而，就算兩種類型的小孩表現方式不同，他們的目標仍是一樣的！

一個人可能同時存在這兩種不同的表現類型，這種情形最常出現在小孩的性格處在尚未完全定型的階段。這時的行為還沒有固定模式，他們不會一直重複相同路徑，維持相當的開創性。如果第一型的方式不足以應付，他們會嘗試另一種方法。

想要融入社會適應環境，首先要能直接面對團體生活的需求。小孩與環境的關係只要不是處在對立狀態，要教導他們融入社會環境是很容易的。家庭紛爭可以弭平，但前提是父母兼教養者本身必須要能盡量放下對權力的追求，這樣才不會將壓力轉移到孩子身上。此外，家長如果知道孩子的心靈成長走的是哪一種路線，假設是第一型，就能避免孩子的性格特質發展過頭，勇敢成了魯莽，獨立變成自大。同樣地，父母還能避免任何外在的權威施加在孩子身上，不使他們成為不敢有意見的乖乖牌。外在權威這種有害的教養方式，可能會讓孩子個性變得封閉，不敢說真話，並擔心說實話的下場。教育小孩若施加壓力，如同一把雙面刃，有利有弊。

壓力，會讓孩子假裝已經適應環境，被迫順從只是表面上如此罷了。孩子與環境如何互動，會在他們的心靈留下痕跡。任何的可能障礙無論以直接或間接的方式施加在孩子身上，都會在他們的人格留下痕跡。孩子對於外來的影響力通常不懂得判斷好壞，週遭的大人也不瞭解他；他們遭遇的各種困難，以及他們遇到困難怎麼反應，這些全部都會成為他們人格的一部分。

樂觀主義者

我們還有一個方法可以將人類區分成各種不同類型。這個標準，就是人們遇到困難會用什麼態度面對。第一種人是樂觀型，這種人的人格發展主要走直線型。他們會勇敢面對任何困難，不會太當一回事。他們對自己很有信心，輕鬆愉快地過生活。他們對生活不會有不切實際的期待，因為他們的自我評價是正面的，所以不會覺得自己被人冷落、不受重視。比起那些一遇到困難就以為自己真的很沒用、能力太差的小孩，這樣的孩子抗壓性較高。遇到較為艱難的處境，樂觀的孩子能夠沉著處理，並相信問題一定可以迎刃而解。

樂觀主義者從他們表現在外的舉止就看得出來。他們不害怕，而且敢直接說出真話，不會過於謙卑，也不會過度壓抑。如果可以用圖畫來描繪他們，那他們一定是展開雙臂，隨時準備擁抱他人。他們沒有疑心病，與人互動輕鬆自在，很容易交朋友。他們的態度、舉止、步態輕鬆自然，想說什麼就說什麼。純粹的樂觀主義者，只有在孩子年紀很小的時候才看得到，以外便少見了。但是，不同程度的樂觀主義者還是存在的，其社交能力讓人放心。

悲觀主義者

另一類是悲觀主義者。這類型的人是我們在教育時比較費心的。所謂的自卑情結，便是表現在這些人身上，這是他們在童年的經驗與印象所造成的。他們認為，人生遭遇到的所有困難只證明一件事——活著並不容易。因為他們童年起就在不當的教養方式下長大，養成了悲觀的人生觀，所以他們習慣看人生的黑暗面。比起樂觀主義者，悲觀主義者在遇到困難時，感受特別深刻，也比較容易因此喪失勇氣。缺乏安全感讓他們很痛苦，導致他們經常向外求援。從其外在表現可以看出，他們內心正呼救著，他們無法獨立。如果悲觀主義者還是個孩子，就會一天到晚要找媽媽，連分開一會兒都不行。即便成年了，他們有時候還是會這樣需要母親。

這種人過於謹慎，往往很膽小、容易受驚嚇。悲觀主義者時常擔心可能即將發生什麼危險。這樣的人晚上自然睡不好。由於睡眠障礙是人們在缺乏安全感下，處處防備的表徵，所以**睡眠其實是評估一個人心靈成長的重要指標**。他們好像隨時處在警戒狀態，必須小心保護自己免受生命無情的襲擊。這種人的生命絲毫沒有樂趣可言，他們對生命的認識實在太淺薄了！晚上睡不好的人，白天也不懂得怎麼過生活。萬一人生和他們想的一樣，那麼他們晚上根本不敢睡覺。

假如人生真有他們所想像的如此痛苦，那麼睡覺這種事根本不應該存在。他們習慣用對立的觀點來看待生命中的自然現象，這點無意中顯示出悲觀主義者不曉得怎麼生活。

睡覺就應該睡得安穩，但我們認為，那些性格悲觀的人應該會不時忙著查看房門是否鎖好了，不然就是經常夢到小偷強盜。從睡姿也能看出這個人有悲觀傾向，他們通常會全身蜷縮成一團，不然就是將頭蒙在棉被裡。

攻擊型與防衛型人格

人類還可以分成攻擊型與防衛型人格。攻擊型人格的特點是動作粗暴。攻擊性較強的人在表現勇敢的特質時，往往會過頭，變成有勇無謀的人，因為他們只想積極地對世界證明，自己能力很強。然而，這樣其實是無形中透露出他們的內心很不安。出於焦慮，他們會藉由武裝自己以驅趕恐懼，擺出雄壯威武的架勢到了荒唐的地步。有的人會想盡辦法壓抑內心溫和與柔軟的一面，因為他們認為這是軟弱的表現。激進型的人會表現出殘酷無情的特質。而假使他們的個性剛好傾向悲觀，那麼他們與週遭環境的關係會全部改變。因為他們缺乏同理心，也無法與別人合作，他們與世界的關係是對立的，非常地自我感覺良好。他們看起來很自負，目中無人，覺得自己是重要人物，好像自己真的能夠征服一切。但是，這一切表現得太明顯，他們的舉止太膚淺了，這樣不僅造成他們無法與世界和諧相處，同時也顯示出他們的整體人格。他們非常虛假、不安、很不踏實。他們激進的姿態就是這樣產生的，很可能會維持一段很長的時間。

這類型的人的後續發展並不輕鬆。我們的文明社會不歡迎這種人，因為他們明顯惹人厭。他們一心只想佔上風，很容易與他人對立，尤其是和他們同類型的人，是他們喚醒了別人的競爭意識。他們的生命將成為永無休止的戰爭，本來一路過關斬將，可是一旦無可避免地嚐到失敗的滋味，就會突然間全面熄火。這時，他們往往會變得相當恐懼，再也沒有辦法保持戰力，長期與人為敵，無法替自己的失敗扳回一城。

如果他們無法達成任務，失敗的經驗會對他們造成「後向干擾」（註：記憶的干擾論（interference theory）：造成遺忘的因素不是時間，是事件。新的事件記憶回頭干擾舊的事件記憶，稱為「後向干擾」retroactive interference），這一型的人格成長大約在此時會停頓下來，轉變成另一型：受攻擊的人。第二型的人經常處於防衛狀態，擔心受到攻擊。這一型的人想要替自己缺乏安全感尋找出口，但並非採取積極的姿態，而是退守：他們會變得焦慮、小心謹慎且怯懦。可以肯定的是，第二型的人格發展必定要先經過上述提到的第一型：本想積極進攻，但是失敗了。防衛型人格遇到不順遂的經驗很容易失去勇氣，他們覺得下場一定很慘烈，最好逃命。他們偶爾可以順利偽裝自己的缺點，好像往後退是為了進行重要的任務。

因此，他們會陷入回憶、幻想，想要藉此逃避現實環境的威脅。這類型的人有的還沒完全失去活力，可能會做一些對社會不算沒有任何幫助的事。有的藝術家就屬於這一類。他們從現實環境撤退，用幻想構築另一個沒有任何障礙的理想世界。藝術家是這一型中的例外。否則第二型的人遇到困難，通常直接舉白旗投降，而遭遇一次又一次的挫敗。他們害怕所有人與事，愈來愈多疑，覺得一切都不利於自己。

可惜的是，在我們的文明社會，這類型的人常常因為別人帶給他們的負面經驗，加深他們原本的觀點。他們再也不相信人性中有良善的特質，不相信人生有光明面。這種人的性格有個特點也很常見，就是——愛批評。有時候，他們太過吹毛求疵，連別人無關緊要的小毛病也不放過。他們抬高自己的身段，好像自己有權審判人類，但其實自己對於身邊的人一點貢獻也沒有。他們只會批評別人，破壞別人的興致。他們多疑的毛病會把自己弄得焦躁不安、遲疑不決；才剛剛把工作交代給他們，他們隨即就開始懷疑自己而且猶豫，一副希望自己什麼決定也不用做的樣子。如果讓我們來捕捉這個人的姿態，我們會描繪成，一個人舉起一隻手保護自己，而另一隻手遮住眼睛以免看見危險。

這種人還有其他不太討喜的性格特點。大家都知道，不相信自己的人也絕不會相信別人。他們會發展出忌妒與貪婪的特質，也是理所當然。疑心病重的人通常獨來獨往，這表示他們沒想過要替旁人帶來歡樂，也沒想過和其他人快快樂樂地聚在一起。他們甚至受不了陌生人過得快樂。這類型的人有的會用令人難以攻破的技倆，順利保住自己的優越感。他們不惜一切代價只想保住自己的優越感，所運用的手法，有時候複雜到讓人乍看絕對感覺不出，這個人其實對人類一點也不友善。

4——改變人們行為的利器

想要瞭解人性不見得一定要知道研究路線是什麼。研究人性有個常見的做法，就是把人們心理發展過程中，某個單一事件抽出來作為比較基準，然後分門別類，當作人們找尋人生定位的依據（研究的依據）。例如，我們可以把人類這樣分：有一種人喜歡沉思、思考，活在幻想世界裡，對於現實生活一無所知。這一型的人不容易立即採取行動。相較之下，另一型很少沉思的人想得少，行動力較強，一心只想積極運用實事求是、最平常的方法來處理人生問題。人性確實能這樣分類，但假如我們接受這套心理學派的做法，沒多久就會走進死胡同。我們會與其他心理學家一樣，硬把人分成這型幻想的特質表現比較突出、那型工作能力比較強。可是這種做法距離真正的科學研究是有差距的。這些事是怎麼發生的？是必然的嗎？可以避免或緩衝嗎？……我們必須好好釐清這些觀念。即便人性確實如上所述存在著不同類型，但研究人性是門理性的學問，將人性做這樣粗淺表面的區分，理論上站不住腳。

心靈成長過程中，會產生各種心理現象。找到它們的源頭，也就是童年早期，才是個體心理學研究的重點。研究主張，這些心理現象無論個別看或者整體來看，不外乎受到兩種力量影響：社會意識與追求權力。個體心理學運用簡單通用的概念，找到了開啟瞭解人性的鎖鑰。所有人類都可以根據這個核心概念來分類，應用範圍廣泛。心理學家針對任何個案進行觀察時，一定要謹慎，講究技巧。有了這樣的自我認知，我們建立一套研究標準，得以證明某一心理現象究竟是社會意識很強，追求個人名利的欲望很低？還是，自我本位的成分佔多數，企圖心很強？這樣的心理現象對當事人而言，只是用來表現自己優於他人的工具。有了這樣的基礎，要進一步好好認識某些人格特質，並不算太困難，而且還要把它們放在一個人的整體的人格來看。**只要我們曉得一個人的性格特點或行為模式，等於是握有可以改變人們行為的利器。**

5——內分泌會影響性情嗎？

「性情」這個類別是區分不同心理現象與個性特質一種古老的分法。單看「性情」二字，很難明白這指的是什麼。它是指一個人思慮敏捷、話說得快、行動力強？還是指處理事情的能力或速度快慢？我們研究那些強調性情的心理學家，發現他們對於性情的本質解釋得並不清楚。古代科學家對於人的性情由四種體液組成這種觀念，是最初研究人的內心世界的說法。古希臘時代的人，將人的性情分成樂觀、易怒、憂鬱、冷漠。這種分法是由西方醫學之父希波克拉底（Hippocrates）提出，後來被羅馬人採用；這個古人留下來的觀念，時至今日心理學界仍有參考。

樂觀型在生活中總是表現得很快樂，不會正經八百，不想年紀輕輕就搞得滿頭白髮，習慣看事物美好的一面。如果感到悲傷，也只是適切的程度，不會到情緒崩潰。雖然心境上維持快樂，卻也不會失去應有的洞察力。我們可以說，這種人的心理很健康，性格上沒有什麼缺點。

以外三種人，我們就沒辦法這樣形容了。

在古時候，文人對於易怒型總是如此描繪：一個人走著走著，看到一塊石頭擋路，氣得大腳一踢。換成是樂觀型，會輕鬆繞過去。易怒型以個體心理學的觀點來看，就是那種堅持追求個人權力的人，因為太過堅持；因為他們覺得自己一定要表現得比他人強，所以他們的表現往往引人注意、較為粗暴。他們一心只想著，怎麼用直接激烈的方法克服所有障礙。在現實環境中，這種人如果小小年紀就已經覺得自己比不上別人，行為舉止會表現得相當激烈。這是由於他們必須藉此證明，自己的能力不比別人差。

憂鬱型則給人另一種感覺。我們繼續用之前踢石子的比方來說明，憂鬱型一看到石子，就會想起先前犯下的所有罪過，想起過往就覺得悲傷，於是轉身離去。以個體心理學的角度來看，這樣的人擺明就是猶豫不決且神經質。他們對自己沒有信心，不相信自己能夠克服困難或者超越別人。這種人不喜歡冒險，寧可靜靜待在原地，也不願往目標邁進。即便有所行動，每一步也都走得極為小心翼翼。他們生命的主調是懷疑。這類型的人通常只想到自己，很少顧慮到別人，這樣終究會失去他們在社會上與他人互動良好的機會。焦慮把他們壓得喘不過氣，所以他們容易沉浸在過去，不然就是浪費很多時間做無謂的省思。

冷漠型習慣在這世界當個陌生人。外界人事物的印象會在他們腦海中累積，但他們不會根據這些資訊做任何判斷。他們對一切事物沒有特別的感覺，也不太感興趣，甚至不交朋友。簡單來說，他們堪稱沒有社交生活。而且可能是所有類型中，對於生命裡的所有事物最疏離的人。

我們可以說，只有樂觀型的人格是最理想的。可是，這世上純粹專屬某一型的人寥寥可數，**我們大部分都是不同類型相互混雜**。也正是因為這種情形，前人留下來的性情分四型的說法，完全失去實用性。性格分類或者性情分類，都不是固定不變的。我們最常發現的情形是，一種性情特質會融入另一種。像是，小孩可能一開始表現出易怒的特性，後來卻變得很憂鬱，最後則變得很冷漠。

樂觀型在小時候似乎是最不會產生自卑感的人，最不會出現嚴重身體缺陷，身體健康問題也最少，是最不會受到強烈情緒刺激的人。所以，他們的心理得以穩定發展，對於生活保持相當的熱度，面對生命，穩健踏出每一步。

這時，科學領域的人有話要說了：「性情會受人體的內分泌腺影響。」醫界有人認為，內分泌腺對於性情的形成很重要。人體內分泌腺包括甲狀腺、腦下腺、腎上腺、副甲狀腺、位於胰臟的蘭氏小島、睪丸間質細胞、卵巢間質細胞，以及其他組織結構，它們的功能還不是很清楚。這些腺體沒有輸送管道，直接注入血液中。

我們大略知道，人體所有器官與組織的成長與活動，會受到這些內分泌腺分泌的液體影響，分泌物會經由血液帶到體內每個細胞。這些分泌物具有催化劑或者抑制劑的功能，對於生命的維持非常重要，但是這些腺體的功能仍有待發現。目前，內分泌腺分泌的激素這門科學還在發展階段，對它們的功能瞭解得還不夠多。然而，既然這門科學已經喚起大家的注意，也打算把研究的觸角伸到心理學的領域，想要證實激素會決定一個人的人格與性情，因此我們也必須談談這一點。

首先，我們先來看看一個重要的反對意見。實際找個疾病的進程來討論，以先天性碘缺乏症候群（cretinism）為例，這個疾病與甲狀腺功能低下有關。我們確實可以從中找到若干心理特徵，和前面提過冷漠的性情有相似之處。呆小症患者會出現某些身體部位凸出、腫大，毛髮生長異常、皮膚增厚，但我們不討論這些。然而，他們確實有發展特別遲緩、缺乏活力的現象。患者的心靈成長也明顯遲緩，幾乎完全失去行動力。

如果我們將這個疾病，與之前提過的冷漠型人格相提並論，即便後者我們找不到甲狀腺功能異常這樣明確的病理現象當佐證，也會發現這兩者性格特質其實完全不同。或許有人會說，要維持正常的心理活動，甲狀腺素具有重要功能。但是，我們不能說，冷漠型的人之所以如此，是因為缺乏甲狀腺素所致。

疾病造成的冷漠，和我們先前討論的冷漠型人格，完全是兩回事。心態上的冷漠和病理上的冷漠是截然不同的，這點從這兩種人過去心理發展的過程就能得知。從心理學家的角度來看，冷漠型的人活動力絕對不是處於靜止狀態。令人意外的是，我們發現這種人有時會展現出深沉、激烈的一面。世上沒有人一輩子都是冷漠型。這種性情只不過是種偽裝，是自我防衛機制，這是極度敏感的人替自己與外在環境之間建造的碉堡。他們可能因為體質形成了這種性格傾向，用來自我防衛，這是可以理解的。性情冷漠是人們面臨生存的挑戰時，所採取的一種防衛機制，這樣的反應方式是有意義的。而且，從這層意義來看，它與先天性碘缺乏症候群因為甲狀腺激素大量不足，所表現出的癡呆遲鈍、渙散，截然不同。

縱使某些案例顯示，好像只有那些曾經有過甲狀腺素分泌不足的患者，才會發展出性情冷漠的特質。但是，我們反對將兩種情形畫上等號的理由，仍屬成立。這不是我們想討論的重點。問題真正的核心，在於事件的結果與目的錯綜複雜，身體整體的器官運作，加上外在環境的影響，引發自卑感。

因為自卑，所以人們可能會發展出性情冷漠這種特質，遇到令人難堪的羞辱，傷害自尊心，可以用冷漠來保護自己。但是，這表示我們這裡的討論重心，只放在前面大略談過的冷漠型的人。甲狀腺功能低落是一種特殊的器官缺陷，其影響很大。這類的器官缺陷會造成當事人在生活中變得更緊繃，他們會運用心理策略來彌補身體缺陷，發展出冷漠的性格是很常見的例子。

我們繼續討論其他與內分泌腺體功能異常的疾病，看看哪些性情特質與這些疾病特徵相吻合，藉此來證實我們提出的概念。以甲狀腺功能亢進為例，凸眼性甲狀腺腫（Basedow's disease），這種疾病表現在身體的徵兆包括：心跳快、脈搏急促、眼球凸出、大脖子、四肢末端變粗厚，尤其是手會顫抖。這類患者容易出汗，因為甲狀腺素影響胰臟的功能，造成腸胃道蠕動異常。這類患者很敏感，暴躁、易怒、不安、身體顫抖是其特點，這點經常與焦慮症聯想在一起。典型的甲狀腺腫大患者，看起來與一般極度焦慮的人沒什麼兩樣。

然而，如果將甲狀腺功能亢進的患者與容易焦慮的人劃上等號，就犯了天大的錯誤。甲狀腺腫大的患者表現出的心理現象，如焦慮、肢體活動異常、腦功能障礙、容易疲倦、身體虛弱等等，並非完全由心理造成，身體器官功能異常也是原因之一。我們把一般罹患急躁與焦慮的精神官能症患者拿來比較，會發現兩者形成明顯對比。患者的心理活動過於活躍，是由於甲狀腺功能亢進，其性情變化是慢性疾病衍生的結果。打個比方，甲狀腺素好比酒，喝多人就醉了。然而，與甲亢患者相較，那些純粹只是容易激動、性急、易焦慮的人，情形是完全不同的。後者的性情的變化，可說完全是過去的經驗對心理造成影響所致。甲亢患者的行為，確實與之有很多地方相似。但他們的行為背後，卻少了評估人格與性情所需的基本指標——意圖與動機。

其他內分泌腺體的功能也必須討論。各種內分泌激素的腺體與性腺（睪丸與卵巢）各自的發展以及彼此的關係尤其重要。我們認為，內分泌腺體功能異常與性腺功能異常相伴發生，這個觀點已經成為生物研究領域的基本立論。不同類型器官缺陷之所以同時發生，這種特殊的依從關係，原因尚待釐清。我們之前針對其他類型器官缺陷提出的觀點，同樣也適用於腺體功能異常這類器官缺陷。一個性腺功能低下的人，因為器官功能有障礙，生活也會出現很多問題，所以這種人會運用很多心理伎倆與防衛機制，來幫助自己適應生活。

某些積極研究內分泌腺體的專家，一直想引導我們相信人格與性情完全取決於性腺激素。然而，睪丸與卵巢性腺分泌異常所引起的疾病涵蓋範圍太過廣泛，也很罕見。我們手邊的個案同時也出現這些病理現象的，屬於個案。也沒有發現任何特定的心理傾向與性腺功能缺陷有直接關係，與性腺方面的疾病相關的例子實在很少。醫學上，我們找不到充分證據可證明，內分泌功能確實如該領域的專家聲稱的，是人格形成的基礎。確實，某些維持生命力所需的刺激因子是源自於性腺，而且這些刺激因子可能會決定一個人在環境中的定位。但是，身體其他器官也能產生這類刺激因子，不見得是某些人格結構形成的基礎。

我們不得不在此提出警告，論定一個人的價值是很困難的，必須慎重處理，萬一出差錯，攸關生死。孩子若生下來就有器官缺陷的問題，大都傾向運用某些心理伎倆或策略，藉此彌補身體缺陷。他們能這樣做，很不簡單。而因此發展出來的某些心理傾向，是可以抹去的。無論器官的健康狀態如何，天底下沒有一種器官對人有絕對的影響力，可以左右人們的人生態度。

人們或許會因為缺陷而沮喪，但這是兩回事。有些人的觀點與我們提過的是相同的，這種觀點之所以存在，純粹是因為目前為止，還沒有人好好幫助那些有器官缺陷的孩子，去除他們在心理成長的路上遇到的障礙。我們任由孩子順著器官缺陷，不知不覺養成偏差的行為習慣。但當我們發現出問題了，僅研究問題，卻沒有好好幫助他們，引導他們改變。我們以個體心理學的研究經驗為基礎，發展出一套以人生定位與環境背景為研究重心的心理學體系，將會證明這種新的指導原則會帶來正面的結果，會逼得目前當道的性情或體質心理學棄械投降。

6——性格的形成

在繼續討論單一型人格特質之前，先摘要目前為止提過的重點。我們一直強調，要認識人性，只看單一現象是絕對無法明瞭的，必須看一個人完整的心靈背景與其人際關係。想要瞭解人性，就要比較至少兩個現象，將它們與整體的行為模式放在一起看。這個特別的方法已經證實有效，讓我們蒐集到很多當事人的想法，再有系統地濃縮成一套健全的人格評量系統。

假設，我們只根據單一現象來判斷人，那麼我們屆時會與其他心理學家和教育人員陷入相同的困境，被逼到不得不使用那些我們一直認為沒效、單調老套的標準。然而，如果我們能順利蒐集一個人許多生命的事件點，就可以運用我們的知識體系，將這些點串組成一個完整模式，有條有理，從中明顯看出曲線變化。評斷人類因此有了一套明確的體系，這是一件好事。唯有做到這些，研究的基礎才會穩固。多多認識個案當事人也是必要的，這樣才有機會多少改變或者調整自己的判斷。在我們準備用這套方法教育一個人，著手修改教育方法前，必須先對當事人有相當的認識。

我們討論了許多方法，評斷人類的方式才得以系統化。同時，我們也把自身的經歷，或者要求一般正常人做的事當作例子解說。此外，我們還必須強調，我們所建立的這套體系，絕對不可以忽略「社會」這個因素。單單觀察一個人的心理現象是不夠的，必須考量這個人與社會的關係。對於人類生命共同體，我們自有一套非常重要且實用的基本原則：**人的性格絕對不可作為道德判斷的基礎**。它是一項指標，告訴我們這個人以什麼姿態面對自己的環境，他們如何與環境中的人事物的關係如何。

在詳細解釋這些想法時，我們發現兩個人類普遍存在的現象：一、社會意識將人與人連結在一起；二、人類文明所有偉大的成就都是以社會意識為基礎。社會意識是我們有效衡量心理現象唯一的標準。

當我們知道一個人在社會裡扮演什麼樣的角色，與旁人如何互動，如何找到自身的存在感，我們對於這個人的內心世界，就有了具體的印象。於是，在評斷人格時，有了第二套標準：喜歡追求個人權力與優越感的性格傾向，是社會意識的大敵。一旦知道了這兩點，我們就能明白，人與人之間的關係，取決於各自社會意識的強弱程度。而社會意識的強弱，又與追求個人權勢的欲望強弱成反比。這是一場不同力量消長的比賽。而就是這樣的力量，形成了我們的性格。

第2談

激進型人格

欲望多的人是不易滿足的，他們只想著自己應該還要得到什麼、擁有什麼，才會快樂。欲望多的人絕對看不到他人需求。對於這種人來說，別人的不幸令他們高興。

1——虛榮心與企圖心

一旦渴望他人認同的欲望取得優勢，那麼內心的緊張就會大為增加。追求權力與優越感的目標在心中不斷放大，人們以猛烈的姿態追求目標，人生除了追求成功以外沒有別的事可期待。這種人與現實環境脫節，因為他們斷了與生命的連繫，一心只想著別人怎麼看待自己，擔心自己留給他人什麼樣的印象。這樣的生活態度使得他們的一舉一動都受到極大的限制，虛榮成為他們最明顯的人格特質。

每個人可能或多或少都有虛榮心，但外在表現得很虛榮，卻不是件好事。虛榮通常是一種偽裝，它可以用各種千變萬化的面貌偽裝。譬如，有的謙虛本質上其實是虛榮；有的人實在太自負了，從來不考慮別人的想法；有的人極度渴望別人的讚許，目的還是為了自己。

虛榮心如果發展過了頭，是非常危險的。虛榮心會導致一個人把所有精力用在沒有意義的事情上，專做表面工夫，不太重視實質內涵。虛榮心會使得一個人常常只想到自己。而如果有想到別人，也只是在乎別人眼中的自己。除了這樣的危險，最大的危險是，他們遲早與現實環境脫節。他們不懂人類的社會關係，他們與社會的關係是扭曲的。他們忘了活著的任務是什麼，也不明白每個人只要活著，就必須對環境貢獻一己之力。對人類的自由發展構成最大危害的，莫過於經過巧妙偽裝的虛榮心。在虛榮心的驅使下，人們不管面對何人何事，心中只會想到：「這對我有什麼好處？」

人們習慣用「企圖心」這種比較好聽的字眼，來取代虛榮心或者高傲，幫助自己突破難關。很多人總是很得意地對眾人大聲宣布，自己企圖心旺盛。「活力十足」、「積極進取」也是常用的字眼。這樣的力量如果用於社會，那麼我們相信這是有意義的。但是，「勤奮」、「進取」、「活力」、「衝勁」等這些用詞，往往只是用來掩飾背後的虛榮心罷了。

虛榮心很容易造成一個人做些不按牌理出牌的事。這種人喜歡搞破壞，那些企圖心無法得到滿足的人，最喜歡阻礙他人實現自己生命的目標。逐漸有企圖心的小孩，時常將精力用在不該用的地方，且喜歡對比較弱小的孩子炫耀，自己的能力很強。虐待動物也屬這樣的例子。那些本身已經沒什麼自信的孩子，喜歡從一些極其無聊的小事，以滿足自身的虛榮。他們會逃避生命的主舞台，順著自己的心情，只想在生命的後台當主角，從中滿足自己的優越感。那些最愛抱怨人生過得很辛苦，命運對自己很不公平的人，就屬這類人。這些人最喜歡讓大家知道，如果不是自己受的教育太差；如果不是發生了不幸的事，他們現在早就是大人物！他們常常替自己找藉口，不願站上生命的戰線，只能在自己的想像世界裡，圓滿自己的虛榮心。

一般人之所以覺得這種人很難相處，是因為不曉得究竟該怎麼看待這種人。虛榮的人只要出了錯，總是習慣把責任推給別人。自己一定是對的，別人一定是錯的。**在生活中，誰對誰錯其實並不重要。真正重要的是，生命的目標是否完成了**。虛榮心強的人不但不會對社會做出這樣的貢獻，反而是一味抱怨、替自己找藉口。我們手邊有很多這樣擅長各種心理手段的個案，不計代價要保住自己的優越感與虛榮心，讓別人沒機會羞辱自己。

持相反意見的人通常會說，沒有遠大的企圖心，人類不可能創造出偉大的成就。站在錯誤的角度看事情，只會得到錯誤的觀點。人不可能完全沒有虛榮心，或多或少罷了。但是，一個人能夠對全體人類真正有所貢獻，絕對不是虛榮心起了作用。在虛榮心裡，找不到那種可以成就偉大事業的力量。**真正的偉大成就，背後的動力必定是社會意識**。天才做的事必須具有社會意義，才算是有意義的事。做事只要有虛榮心的成分在，再偉大的成就也會失去它的價值，也會瓦解。真正天才做的事，不以虛榮心為動力。

然而，在我們身處的時代，想要完全擺脫虛榮心的影子是不可能的。

一旦體認到這一點，等於是碰觸到我們這個時代的傷口——就是虛榮心，造成許多人一輩子過得不快樂，日子多災多難。天底下就是有這種可憐人，沒辦法與任何人好好相處，沒辦法改變自己融入社會。因為，他們的人生只有一個目標，就是「自我膨脹」。也難怪，這種人很容易捲入衝突，因為他們只在乎自己於群眾中的聲譽。我們從觀察人類經歷的種種複雜事件裡發現，問題就出在，人們的虛榮心無法得到滿足。如果我們想要瞭解某種複雜的人格，在技巧上的運用很重要，必須能夠判斷出這個人虛榮指數是多少？其虛榮心未來會怎麼發展？會以什麼手段達到目的？

一旦對虛榮心有所認識，就會發現虛榮心對於社會意識的發展非常不利。虛榮心與同胞愛，不可能並存。這兩種人格特質永遠無法結合，因為虛榮心絕對不會向社會運作的原則低頭。

虛榮心的命運是自己一手創造的。群眾意識的發展，往往對虛榮心的發展構成威脅，反對它形成是理所當然。群聚的社會生活，是人類絕對唯一、絕對不敗的生存法則。所以，虛榮心在初期發展階段，不得不躲躲藏藏，偽裝自己，以迂迴方式達到自己的目標。

虛榮心很強的人最容易疑神疑鬼，懷疑自己是否有能力完成目標。當他們在那裡做白日夢，左思右想時，時間已經溜走了。一旦錯過了時機，這個虛榮的人就有藉口，抱怨自己根本沒有機會展現實力。

虛榮心通常以這樣的順序發展：某個人想要爬到很高的權力位置，不想和眾人一起順著生命之流，所以他們站得遠遠的，觀察其他人在做什麼，態度有些懷疑。也因為懷疑，每個人在他們眼中都成了敵人。虛榮心強的人必須採取攻擊與防衛的姿態。這種人疑心病很重，經常陷入重重思考，想一些看似重要的事，營造一種假象，好像自己做的都是對的。但是，在思考的過程中，他們浪費了行動的好時機，切斷了自己與生活與社會的連結，拒絕履行必須完成的工作。

仔細觀察這種人的言行舉止，我們發現，背後都躲著虛榮心的影子，一種想要贏過所有人的欲望，並以各種不同面貌顯現出來。他們的一舉一動、穿著、說話的姿態、與他人互動的模樣，在在都散發著虛榮。簡單來說，無論從哪個角度看，我們都看到一個虛榮心、企圖心很強的人，他們會不擇手段取得他們想要的優越感。因為虛榮心一旦讓人看出來，是很不討喜的，所以這種傾向的人如果夠聰明，也看得出自己與社會有距離，他們想盡辦法偽裝虛榮心的外在特徵。因此，我們發現，有些人外表會裝得很謙虛，或者不怎麼注意穿著打扮，就是為了向眾人宣布自己不是虛榮心強的人。蘇格拉底曾說：「雅典的年輕人，你們的虛榮心從衣袍的每一個隙縫鑽出來了！」

這類型中有的人完全不相信自己是虛榮的人。他們只看外表，並將虛榮心埋得很深，可能以各種面貌呈現其虛榮。像是，這種人到了社交場合，希望全場只注意他，而且他們一定要發表談話。他們會觀察，自己有多少能耐成為全場的焦點，然後評判這次的社交聚會辦得好不好。另外，有些人則是從不參與社交活動，能逃則逃。他們逃避社交場合的把戲有很多種，好比說，婉拒邀請、遲到，或者逼使邀請人說好話哄他們來等等。有的人則是在某種條件下，才願意參加社交活動，以突顯自己的「不凡」，這是他們展現虛榮心的一種方式。他們很驕傲，覺得這種特質值得讚賞。還有的人則是跑遍所有社交聚會，這也是虛榮心的表現。

大家千萬不要以為，上述內容都是一些無關緊要的細節。這些行為舉動已經在心靈根深蒂固了。一個人只要出現上述行為，那他們做人原則通常也很難包容社會意識的存在。在社會上，他們比較常以破壞者的形象出現。如果想要將虛榮心各種不同的面貌全部呈現出來，只有偉大的作家才辦得到。所以，我們在此只能敘述概況。

我們觀察那些虛榮心強的人，發現他們有相同的動機：替自己設定一個這輩子完全無法達成的目標。他們這樣做，是為了贏過世上所有人。他們會設定這個目標，是出自於自卑感。我們有理由相信，**人的虛榮心表現得愈明顯，自卑感愈強**。或許有人察覺得出，一旦他們的自卑感變得明顯，也會更為虛榮。但除非他們可以有效利用這樣的自我認知，否則光只是察覺到這點是沒有用的。

虛榮心在人們年紀很小時，就已經開始發展了。所有虛榮的行為，或多或少都有幼稚的成分在其中。因此，虛榮心強的人多半給人有些小孩子氣的印象。虛榮心形成的條件很多種，像是：小孩會有自卑感，是因為沒有受到很好的教育，覺得自己卑微到喘不過氣來。有的小孩則是由於家世良好，養成高傲的習性。可想而知，他們的父母一定也是擺出「上流階級」的姿態，標榜與眾不同，引以為傲。

其實，這種心態背後的目的只有一個，就是希望自己是個獨一無二的人。例如，覺得自己生長的家庭比別的家庭還要好，自己家庭的情操比較優良、高尚，覺得自己因為血統優良，在生活中注定享有某些特權。對特權的需求會成為一個人生命的方向，決定一個人的行為以及表現形式。我們所生存的大環境並不鼓勵人們養成這種性格，因為這種人喜歡特權，容易引人反感，或者被人嘲笑，所以他們會變得畏縮，過著獨居、奇怪的生活。他們只要好好待在家裡，不用背負任何生命的責任，繼續陶醉在自己的想像世界，不斷自我催眠，告訴自己要不是發生那些事，他們早已實現自己的目標。

這類型的人有時候會出現優秀人才，成就很高。如果他們能讓自身的才能發揮關鍵作用，那麼他們對社會多少還是有貢獻的。不過，他們卻濫用己身的能力，繼續催眠自己。對於在什麼條件下，他們才願意積極投入社會，自有一套標準，但這個標準卻很難達成。好比說，他們做事眼高手低，一旦事情無法按時完成，他們才說，自己以前都是這樣做，或者這些事他們早就會了，又或他們也會別的事。他們會找藉口，說這些事別人已經做過了或還沒做等等，一切都是他們說了算。他們設定的條件之所以無法達成，就是因為編了一個又一個的理由。他們可能會信誓旦旦地說，要不是因為這世界黑不是黑，白不是白，一切都會進行得很順利。但只要這種態度不變，立意再好，事情同樣無法完成！因此，我們必須這樣說，這些只是懶惰的藉口，它們的功用和安眠藥或麻醉劑一樣，讓他們無法好好想想自己究竟浪費了多少時間。

這類型的人對他人充滿敵意，通常不把別人的痛苦與悲傷當作一回事。他們就是用這種心理機制來成就自己的優越感。一位對人性非常瞭解的法國作家拉羅什福柯（La Rochefoucauld）說，大部分的人「不覺得別人的痛苦有什麼好大驚小怪」。對社會有敵意的人，經常表現出尖銳批判的一面。這些與社會為敵的人，永遠只會責怪、批判、嘲諷、評斷、詛咒這個世界，對一切都不滿意。然而，他們應該捫心自問：「我可以怎麼做幫助這個世界變得更好？」

虛榮心強的人只想要些把戲，藉此抬高自己，貶低別人，尖酸刻薄地對他人批判一番。所以在這類人當中，有些人的言語攻擊技巧很出色，也不難發現其聰明睿智之處。反應靈敏、對答如流是他們的特點。和諷刺小說家一樣，他們喜歡仗著機智和敏銳的觀察力捉弄人、整人。

習慣貶低、輕視他人是這種人的風格，也是他們最明顯的人格特質。但是關於這一點，我們必須嚴加批評。這類輕視別人的習性，是一種病態的情緒反應。從這種反應，我們通常可以知道虛榮心強的人攻擊目標是什麼。答案是：否定他人的價值與重要性。他們習慣貶低旁人，是因為他們想要藉此來製造自我優越感。對於虛榮心強的人而言，承認他人的優點等於看不起自己。只要有了這項事實，我們大致可以推斷這是什麼樣的人。同時，也知道原來**虛榮心強的人，其實內心潛藏著根深蒂固的自卑感**。

世上沒有人完全不會感到自卑，因此我們不妨將這次的討論視為一套標準來衡量自己。自卑感是人類數千年來，隨順傳統，於不知不覺中養成的，我們無法在短時間內完全將之根除。事實遲早會證明，這種錯誤的觀點不但危險且會帶來傷害，但我們如果懂得不要順從偏見，不讓自己深陷其中，這就是進步的開始。**我們不需要做個與眾不同的人，也不需要找與眾不同的人當朋友**。

大自然的法則，是要我們攜手合作。這個時代最需要的是合作，追求個人虛榮心不是我們該做的。虛榮心強者待人處世容易製造對立，這種行為不僅明顯，而且粗鄙。我們每天都看得到，虛榮心會怎樣帶來失敗。虛榮心強的人，下場不是招來社會大眾的抨擊，就是把自己弄得很慘，引來眾人同情。從來沒有哪個時代像現在這樣大肆撻伐虛榮的人。我們能做的，就是想辦法昇華虛榮心的形式與表現方式。如此一來，就算我們甩不掉虛榮心，至少可以使用它來造福人群！

接下來的這個案例，正好用來解釋虛榮心的運作機制。

有名年輕女子是家中老么，上頭有幾個姊姊。她從小倍受寵愛，媽媽二十四小時隨傳隨到，滿足她各種需求。因為母親放不下她，加上她體弱多病，所以女孩變得予取予求。某日，她發現，只要自己一生病，母親就會下令身邊的人照顧她。於是，她很快就瞭解到生病的好處。

一般健康的人都不喜歡生病，但這個女孩卻可以輕易地忍受，她一點也不覺得生病有什麼好痛苦的。很快地，她從「生病」這件事學到很多，只要她想生病，尤其是她想要得到什麼東西時，說生病就生病。不幸的是，她想得到東西的欲望從沒停止過。結果，在她身邊的人看來，她成了一個長期都在生病的人。這種「生病上癮」的行為很常見，小孩、大人都有。生病讓他們覺得自己的影響力提升，成為家人關注的焦點，可以利用生病來隨心所欲地指使他人。我們發現，那些嬌嫩、脆弱的人最常利用這種方式獲得權力。這種人喜歡利用生病取得權力，是因為他們已經從中嚐到甜頭，知道親人會特別關心他們。

在這種情形下，有的人會耍些小手段來達到目的，像是：他們吃得很少，臉色看起來不大好。於是，家人就得大費周章，煮些好菜給病人吃，而且要馬上執行！這種想要有人隨伺在側，且因為自己而忙得團團轉的欲望，漸漸滋長。這樣的人無法忍受落單。他們覺得，只要生病了或者處境危險，就可以贏得他人關愛；這很容易辦到，只要把自己想成是病人或者看起來被危險包圍就行了。

這種把自己投射到某種情境或者某件事的行為，稱為「移情能力（empathy）」。我們的夢境就是個好例子：我們覺得夢中發生的事，好像是真的。一旦那些「生病上癮」的人習慣把生病當作獲取權力的方法，要他們製造疾病的感覺，召喚疾病上身，實在太簡單了！他們的手法非常巧妙，不用說謊、不用扭曲事實也不用運用想像力，就能辦到。只要把自己投射到外在某種情境，就能在自身製造出相同的條件，好像自己真的發生了這種事。所以，這種人可以想吐就吐，也可以製造焦慮感，讓自己看起來好像真的反胃難受，或者遭遇危險。這種人在製造生病症狀時，通常不小心會露出馬腳。

現在，回到上述提到的女性患者。她說，她有時候很害怕，「好像我隨時都可能中風。」有的人確實能夠把一件事想得非常逼真，結果身體果真失去平衡。但是我們不可以說出這是「想像」或者「模擬」出來的。這些生病專家只要順利讓身邊的人，把自己生病的模樣或者精神疾病的症狀當一回事，從此以後，這些人一定會乖乖待在「病人」身旁照顧他們，守護他們的健康。生病的人理所當然需要健康的正常人發揮社會意識來照顧他們。然而，這個觀念卻被那些追求權力的人給濫用了，構成他們權力欲望的基礎。

社會法規與團體生活需要人們多替彼此著想。而那些持反對立場的人在這方面，看起來就很不同。我們發現，這種人無法感受別人的痛苦或快樂。要他們凡事不要損及旁人的權力，很難；要他們多多幫助別人這檔事，則是他們完全不關心的。有時候，他們費了好一番勁，動用整個教育與文化資源，終於順利達成完成目標。他們這麼努力，看起來好像是為了他人的利益與幸福著想，但通常只是表面工夫。說穿了，這種行為的本質仍屬自私、虛榮。

上述這些情形，當然也適用於先前提到那位年輕的女性患者。她對親人的牽掛看起來似乎是過度了。假如她的母親晚半小時才把早餐送到她床邊，她會忍不住開始擔心焦慮。這時，她非得喚醒身旁的丈夫，逼她先生去看看母親是不是出了什麼事才行。從此以後，母親養成習慣，按時把早餐送到女兒面前。

這名患者對待丈夫也是如此。由於她先生是生意人，多少必須顧及客戶與同事的需求，很難準時到家。每回只要晚了幾分鐘，他就發現妻子已經瀕臨精神崩潰，焦慮地全身發抖，渾身冒汗，強烈抱怨自己已經被不祥的預感和恐懼折騰得快受不了。她那可憐的先生只好效法岳母，努力準時回家。

許多人會抗議，說這名女子這樣做一點好處也沒有，而且她的行為其實算不上什麼重大的勝利。但大家記住，我們剛剛只提了一點，事情還沒說完。她生病是一種危險訊號，意在告訴眾人：「小心一點！」她環境裡所有的人際關係都把這個訊號當作行為指標。運用這個小策略就能把週遭的人訓練得服服貼貼。她的控制欲強到想要控制身旁的所有人。背後的關鍵因素，就是為了滿足個人虛榮心。想想看，這樣的人要費多少工夫，才能達到目的？因為我們知道，她為此付出的代價非常高，我們不得不說，她這樣的行為與心態對她來說肯定必要。除非大家都無條件乖乖依照她的要求，分秒不差，否則她無法平靜過生活。但是，婚姻的維繫，並非只是要求先生準時回家而已。女子所有的人際關係全部被她強硬的態度釘得死死的，她也學會如何利用自己的焦慮來強化對他人的控制。她看似非常關心他人安危，而對於她的意願，大家也只能聽從。我們得到了一個結論，那就是——她對他人的掛念，只是滿足個人虛榮心的一種工具罷了。

有這類心靈特質者，當中有不少人認為，貫徹自己的意志，比真正得到自己想要的東西還更重要。現在，我們用一個六歲小女孩的例子來說明。

這個小女孩自我本位到了無法無天的地步。無論何時，只要興致一來，想做什麼，就一定要完成。她的言行舉止處處都有欲望的影子，一心想征服身邊所有人。她的行為最後都以征服他人來收場。

小女孩的母親很想與女兒好好相處。但有一回，她準備了女兒最愛的點心，並端到她面前，給她一個驚喜說：「我知道妳最喜歡吃這道小點心，所以拿給妳吃。」結果，小女孩把盤子摔到地上，踩爛蛋糕，大聲哭鬧道：「但是我現在不想吃蛋糕！這是妳自己拿來的。我想要吃的時候，妳才可以拿來！」

還有一次，母親問她午餐想喝咖啡還是牛奶。小女孩站在門邊喃喃自語，但仍能聽得清楚她說了什麼。她說：「如果她叫我喝咖啡，我就要喝牛奶；如果她叫我喝牛奶，我就要喝咖啡！」

這個小孩會明確表達自己的想法，但這類型的孩子並不是每個都能清楚表達自己的意見。或許每個小孩多少都有這種特質，而在實現個人意願時，遇到很多挫折。就算根本沒什麼好爭，或者在過程中可能會吃到許多苦頭，但還是要爭。這種小孩大致說來都是放縱慣了，才會為所欲為。這樣的孩子現在並不少見。

我們發現，希望事情能照自己的意思發展的人比較多，希望多多幫助別人者比較少。有些人愛面子的程度極端到，如果別人建議他們可以怎麼做，而且一看就知道是很好的建議，是可以帶來幸福快樂的建議，他們就是不願意照做；有些人很急躁，不等別人把話說完，就急著提出相反意見。而有些人的意志則完全被虛榮心牽著走，本來很想說「好！」的場合，卻故意說：「不行！」

要事情完全照著自己的意思發展，在家裡才有可能。但是，人總要出門。這類型的人與外人互動時，大多都能展現出和藹可親的一面，但通常維持不久就翻臉。雖然往後還是會有與外人互動的機會，但也不多。可是，人活著就要經常與別人接觸，人生就是這樣。這類的人有不少是社交圈的寵兒，但只要獲得他人喜愛，卻會丟下別人，逕自離開。他們比較喜歡把自己框在家裡活動。我們有位女患者就屬於這種人：

她很有魅力，自家人以外都覺得她很迷人，大家都喜歡她。但是她每次外出沒多久，就想回家。她會運用各種計策讓自己快點回家。只要外出參加派對，她就犯頭疼，不得不返家。因為沒有一個社交場合，可以讓她像在家一樣，享有絕對權力。

她需要滿足個人的虛榮心，這是她生命中的大事。但這件事在外頭沒辦法實現，只有回到家才可以。所以，必要時，她一定想法設法製造機會讓自己回家。

她總是把這件事放在心上，每回只要處在陌生人群中，她就會感到焦慮不安。之後，她再也沒辦法外出看戲，甚至無法上街。因為她覺得，外面的世界不是以她的意志為中心。她希望全世界以自己為中心，可這種情形只有在家裡才感受得到。最終，她表示自己不願意踏出家門一步，除非有人當護花使者。身邊經常圍繞著一群關心她幸福或安危的人，這才是她所喜歡的理想狀況。研究顯示，她這種行為模式是自小就建立的。

她是家裡最小的、最脆弱的、最常生病的孩子，所需要的寵愛、關心比別人還要多。她緊抓住自己是家中寵兒的這項條件，一輩子絞盡腦汁維持這點，只要她不碰觸到生活殘酷的一面，不要碰觸到那些與她的行為模式不相容的環境就好。大家都能看出，她的不安與焦慮表現得過於明顯，這樣透露了一件事：她為了滿足自己的虛榮心，用錯了方法。她本身並不願意順隨社會環境的要求，這證明她沒有能力解決虛榮心這個問題。她為此所苦，最後只好求助心理醫師。

現在，我們來看看，這名女子是如何構築自己長年費心經營的精神世界。表面上她是來尋求醫師的協助，但其實她根本不想改變自己。她真正想要的，還是希望自己能繼續像以前一樣控制家人，但不用付出任何心理上的代價，好比上街時不會再受到焦慮感折磨。然而，癥結就是，**沒有控制欲，就不會焦慮**。從這裡我們可以看出，她是如何被困在自己無意識的行為牢籠裡。她想享受控制帶來的好處，卻想避開它的副作用。

這個例子清楚告訴我們，虛榮心若發展到了相當的程度，一輩子都是生命的負擔，並阻礙身心健全發展，最後弄得精神崩潰。這名患者的眼中只有虛榮心所帶來的好處，她沒辦法看清這些事實。也正是因為多數人只看到好處，他們才會相信自己的企圖心——比較恰當的用詞，應該是虛榮心——這個特質很可貴，那是因為他們不瞭解這樣的人格特質常帶給人挫折感，無法好好休息，好好睡覺。

再來看另一個案例證明我們的論點：

有一名二十五歲的年輕男子必須參加期末考試，但考試那天他竟然缺席了。原因是他突然對考試的那門科目一點興趣也沒有（他就是突然不想參加考試）。他的情緒低落，並貶低自我。這種想法在他腦海盤旋著，最終令他無法參加考試。

他的童年回憶充滿對父母的抱怨，責備他們對成長中的他不夠瞭解，對他形成了嚴重的阻礙。他陷入這種情緒裡，覺得在這個世間，人的存在都是沒有意義的，也無人關心他。於是，他就這樣關在自己的世界裡。

事實證明他會這麼做，是因為虛榮心在驅使他找一堆理由與藉口，逃避所有對自我能力的考驗。現在，就在他準備參加期末考的前夕，他被那些強迫性思維壓垮了，不想有任何行動、考前怯場，最後他真的因為這樣無法應考。但這一切對他來說，都非常重要。因為即使他做不了什麼大事，他的自我感受、自我價值感仍是保住了。他一直把這個「護身符」帶在身上！只要有了這個「護身符」，他就得以安全。他可以藉此安慰自己，告訴自己之所以無法發揮才能，是因為生病、是因為命運不長眼。

我們現在看到的，是另一種形式的虛榮心。他用這樣的態度逃避外在環境對他的考驗。每次只要迫近決定他能力高下的時間點，他就帶著這個護身符繞路離開。他覺得，萬一失敗了，自己會臉上無光。所以，他開始懷疑自己的能力。那些對自己沒信心，不敢做任何決定的人所運用的訣竅，他全部都會。

根據他對自己的描述，可以證明他確實是這種人——每次只要到了必須做出抉擇時，他猶疑不決、意志薄弱的一面就出來了。患者的言行舉止與行為模式是我們研究的重點，因此從他這個情況可以知道，他想要喊暫停、不想前進。

這名男子是長男，也是唯一的男性，底下有四個妹妹。此外，他還是家裡唯一準備上大學的人。他可以說是全家人關心的焦點，家人對他的期望也非常高。他的父親不斷鞭策他要有企圖心，不斷告訴他，他以後會多麼地有成就。男孩也很想超越世上所有人，把這當作他生命永恆不變的目標。然而，現在他心中充滿懷疑、焦慮，不確定自己真的有能力實現目標。這時，虛榮心救了他一命，指引退路。

這個案例告訴我們，虛榮心在發展的過程中，骰子有可能擲出禁止前進的一面。虛榮心與與社會意識相互較勁，戰得難分難解，找不到出路。我們發現，虛榮心強的人在小時候經常突破內心社會意識的防線，打算走一個人的路。這些人讓我們想起世上有一種人，一直在尋找一座幻想中的城市、心目中理想的建築，想像自己在都市裡四處遊走，而且是裡頭的居民。但他們永遠找不到，並怪罪一切都是現實環境的錯。這就是自我本位、虛榮心強的人最常見的命運。不管身處什麼樣的人際關係，他們都想藉由權力和詭計來實現自己的目標。他們一直在找機會證明別人都是錯的，別人一直在犯錯。只要能夠證明——至少對自己——自己比他人聰明、優秀，他們才會快樂。可惜，其他人不理會他，也不接受他的挑戰。這場戰爭一開始處於劣勢而後轉勝，這位虛榮心強的患者得以證實自己是對的、比他人優秀。

人們會想像出一堆無聊的把戲來說服自己。因此，正如我們這個案例所示，人們本來應該好好用功、好好汲取書本中的智慧、參加考試，藉此檢視自我真正的價值，卻因為用錯誤的觀點看待世間一切事物，便突然認為自己能力不足以應付。他錯估情勢，以為自己生命中的幸福與成就會化為烏有。所以，他的身心陷入難以承受的緊張狀態。

舉凡所有人際互動，對他們來說都是大事。每次與人應對，所說的每句話，都從個人成敗的觀點來看。這是一場永久的戰役，這個人在生命中展現的虛榮心、企圖心、錯誤的期待、行為模式等等，最後都會把他們捲入新的困境之中，讓自己得不到真正的快樂。**人們唯有穩固了生命存在的條件，才可能獲得真正的幸福快樂**。但是，他們一旦忽略了生命中真正無法避免的條件，不僅會妨礙自己也妨礙到別人，一起喪失所有幸福快樂的機會。他們唯一能做的，就是繼續沉浸於夢裡，幻想自己地位優越，可以控制所有人。事實上，他們會發現，這根本不可能。

縱使他們真的具有這樣的優勢地位，那他們一定會發現很多人樂得與他們競爭。這種事一定會發生，因為沒有人願意承認，別人比自己還強。這些人很可憐，他們感到困惑，連自己是什麼樣的人都不清楚。一個人只要陷入這種生活模式，就很難與他人互動，也很難有成就。在人生賽局裡，沒有人是贏家。每個玩家隨時都有可能遭到攻擊與傷害。但必須一直裝出自己很了不起、很優秀，卻是件苦差事。

假使一個人由於服務人群而獲得了好名聲，又是另外一回事。因為這樣的名聲來得自然而然，即便有人不服氣，這些反對者的意見也不具影響力。這類人可以安穩地享有這份榮耀，因為這不是用虛榮心損及他人利益換來的。當中關鍵的差異在於，虛榮心強的人很自我本位，經常找機會抬高自己。虛榮心強的人會一直期望從外在環境獲得些什麼。但社會意識健全的人，只要活著的一天，就會不斷問自己：「我能為他人做些什麼？」每個人只要把自己虛榮的一面與這樣的人做比較，就會知道這當中所展現的人格與價值，真是天差地別。

我們現在談論的，是數千年來人們都曉得的一個觀念。聖經裡有句話：「施比受更有福。」把這個觀念具體地表達出來了。如果我們細細思考這句話背後的意義，便會發現其中傳遞出人性崇高的一面。這是一種奉獻與服務眾人的精神，其本身就是一種報償，將帶來心靈的寧靜和諧，是老天送給願意付出的人的禮物！

反之，欲望多的人是不易滿足的，他們只想著自己應該還要得到什麼、擁有什麼，才會快樂。欲望多的人絕對看不到他人需求。對於這種人來說，別人的不幸令他們高興。在他們的價值觀裡，與生命和平共處這種事是不存在的。他們要求別人絕對服從他們自我本位主義訂定的遊戲規則。他們覺得，世上一定要有另外一片天，有著不同的思維、不同的感受。簡言之，他們的貪心與傲慢和其他性格特點同樣令人反感。

虛榮心還有另一種比較原始的表現方式：人們會打扮得很耀眼，或者穿戴可以顯示個人身分地位的配件。裝扮得像隻猴子，看起來光鮮亮麗，感覺卻很像原始人。他們只要取得某種榮耀或地位，就會在頭髮上插一根長長的羽毛。很多人喜歡追逐時尚，而穿上美麗的衣服可以滿足虛榮。他們喜歡配戴的各種裝飾品，則顯示了其虛榮感。與兩軍交戰高舉的旗幟、配戴的徽章或者攜帶的武器，意義是差不多的，目的是要嚇阻敵人接近。有些人會訴諸象徵情欲的配件或者刺青這類膚淺的舉動，來展現自己的虛榮心。從上述情形，我們感覺得出，這些人很努力讓別人注意到自己。但其實這樣有失體面。有些人覺得，有失體面的行為能夠顯得自己很了不起；有的人則是喜歡表現出冷酷、無情、固執、孤僻的一面，才覺得自己很重要。故作無情，但其實真正的他們相當溫柔，不如外表般冷峻。那些表現冷漠的男人，與社會通常處於敵對關係。習慣以這種方式滿足個人虛榮感的人，也喜歡折磨他人。如果有人想喚醒他們人性本有的高貴情操，他們會覺得受辱，反而更會硬起心腸。我們經常看到一種情形，就是孩子跟父母親喊痛，引來父母上前關心。但這類的孩子是看到他人難過時，反而從中得到優越感。

我們已經知道，虛榮心喜歡隱藏自己的真面目。虛榮心強的人表現控制欲的方式，一定是緊緊抓住對方，將彼此綁在一起。因此，如果有人表現得非常親切、和善、主動親近我們，這只是表象，千萬不要被矇騙了；不要這樣就以為他們不是激進好戰的人，其實他們一直在找機會征服他人，維持自己的優勢。這場戰役的第一階段，一定是讓對手放心，哄騙對方，讓他們失去戒心。所以，第一階段會擺出友善的一面，讓人誤以為眼前這個性格激進的人社會意識很強烈。第二階段時，他們會拿下面具，我們才明白自己錯了。這種人很令人失望，我們以為，這種人有兩種靈魂，但其實只有一個：他們使出友善的招術，真正目的卻是殘酷的。

這類以友善為手段的人，他們的方法有時候可能近乎玩弄；他們要的是擄獲人心的技巧。這種人可能會展現高度奉獻的精神，這是他們人格特質的一部分，相當有利（成功）的一種特質。這些人可以滔滔不絕大談人性，表現得非常有同胞愛。但他們往往表現得太明顯了，真正瞭解人性的專家看了是會起疑心的。一位義大利犯罪心理學專家曾說：「當一個人表現得太完美了，超過合理的程度；當這個人的仁慈與博愛明顯做得太過了，我們就有理由懷疑他們。」當然，這段話我們並非毫無保留地完全相信。然而，這種觀點是有根據的，這類型的人通常不難認出來，因為沒有人會喜歡阿諛諂媚者，他們容易令人覺得不自在，這種好恭維的人容易讓人起戒心。我們不得不說，虛榮心強的人應該禁用這種手段。

本書前半段，我們討論了一些最易造成心靈發展出現偏差的各種條件。從教育的觀點來看，最不容易教導的，就是那些對環境抱持強烈敵意的孩子。老師本著生命的原理原則，知道該怎麼做，但是他們沒辦法要求孩子也接受這套。要讓孩子接受，就必須盡量避開任何可能引起對立的情形；不要讓孩子處在被動接受指導的狀態，應該要**讓他們在學習中保持自主**，像大人一樣，可以與老師平起平坐。如此一來，孩子才不會一下子就誤以為自己受人控制，或者被人忽略了，他們才不會與老師對立。從人們彼此對立的現象，看出我們的文化重視浮誇的虛榮心，這種現象內化成我們的思維、行為、人格特質的一部分。內化得很深，各種情形自然而然陸續出現。首先，人與人之間愈來愈難相處，接著自己覺得很挫敗，最後整個人陷入混亂，完全崩潰。

我們對於人性的瞭解多半來自童話故事。童話故事最典型的主題，就是告訴我們虛榮心有多麼危險。在這裡要回想其中一則，這個故事特別強調，如果毫不節制虛榮感，下場自然就是人格的崩解。

安徒生童話故事集裡，有一則〈醋罈子〉（*Vinegar Jar*），裡面提到一位漁夫捕到了一條魚，卻放牠一條生路。而魚為了報恩，向漁夫說他可以許一個願，並會幫他實現。漁夫實現了願望，但他的妻子貪得無厭，還認為漁夫要求得太少了，命令他一定要換個願望。先是要魚把她變成公爵夫人，再來變成皇后，最後竟然想當上帝！她一次又一次地命令漁夫回去找那條魚，最後一個願望惹惱了魚，魚也因此一去不回。

虛榮心與企圖心是永遠無法滿足的。在童話故事和現實人生中，我們都發現同樣有趣的一點：當一個人過於貪心，任由欲望無止盡地蔓延，不斷追求權力的結果，最後就是希望自己能夠擁有上帝一般的權力。我們不用刻意尋找，就很容易發現這種人的存在，他們喜歡表現出一副儼然是上帝的模樣，一些非常嚴重的個案就屬這種情形。有時候，他們會表現得好像是上帝的助手；而有時候，他們會擺出自己的願望只有上帝才能幫他實現的樣子。那些希望自己像上帝的人，他們的權力欲望已經發展到極致，這種傾向表現在他們的一言一行，他們過度自我膨脹，完全超乎人格發展應有的範圍。

在我們這個年代，這種個性傾向的例子比比皆是。很多人對於靈性、靈魂研究、心電感應這類的事情興趣濃厚，就是典型的例子。他們迫切希望，人類可以超越自身能力的極限、超越時間與空間的限制。像是：能與鬼魂或死人的靈魂溝通的能力，就屬此類。

往下繼續探究，我們會發現，一大票的人希望自己愈靠近上帝愈好。譬如，培養出上帝一般的理想特質，是很多學校（學派）的教學目標。在早年，這點確實是許多宗教教育刻意推行的理想目標。但我們只能說，這種教育方式造成的結果，真的很慘。所以，我們必須從自己的時代找尋比較合乎情理的理想目標。但不難想像的是，這種傾向似乎已經深植人心。這種性格傾向的養成，一來是基於心理上的需求；二來，人們對人的本質的初步認識，主要是來自聖經裡的一句名言——人類是按照上帝的形象創造的。這樣的觀念，對於一個孩子的心靈所造成的影響有多麼深遠又有多麼危險?!當然，聖經是一本奇書，值得一讀再讀，每回閱讀都要忍不住讚嘆書中的義理高深。但是，這本書只適合已經具備判斷力的人。如果真要讓孩子閱讀，也必須加上註解，這樣他們對於自己的生命才懂得知足，不會幻想自己有超能力，可以下令讓所有人聽命於自己，就只因為自己的外貌是根據上帝的形象創造的。

童話故事般的烏托邦，與這種渴望自己如同上帝的心理現象非常相似。在烏托邦，所有夢想都能實現。很少有小孩會以為這種童話故事是真實的。然而，如果我們知道，小孩對魔法世界的興趣有多濃厚，就不難想到，其實他們很容易對這種童話故事著迷，深陷其中。在某些人身上，我們發現，他們想對他人施展法術，而且這樣的念頭非常強烈，甚至到老都不會消失。

還有一種想法，或許是每位男性都有的：相信女人有魔力，可以控制男人。我們發現，許多男性以為自己受到另一半具有魔力般的控制。這種觀念可以回推到以前，那時候比現在更加迷信。在那個年代，女性幾乎人人自危，動不動就被冠上「女巫」的稱號。這樣的偏見對於當時整個歐洲來說，是相當沉重的負擔，也影響歐洲歷史長達數十年，猶如揮之不去的惡夢。若我們試想看看，有多少女性成了這種妄想症的受害者，就再也不會說這是個無傷大雅的錯誤了。並且，會把這種迷信所造成的影響，與舊時天主教對異教徒的審判，或者世界大戰對戰犯的審判認真地相提並論了。

有些人會濫用個人的宗教信仰來滿足個人虛榮心，想要擁有上帝一般的權力就是這種例子。我們需要注意的是，這一點對於那些曾經遭受心靈創傷的人很重要。因為這些人容易遠離人群，一心只想與上帝對話！這種人覺得自己很接近上帝。上帝責任重大，因為信徒虔誠的祈禱與參與禮拜儀式，所以會關心信徒的健康與幸福。這根本是宗教騙術，背離真正的宗教，讓人覺得這純粹是精神異常的表現。

某個男子跟我們說，他睡前一定要唸某段禱告詞，否則就睡不著覺。要是他沒有這樣對上天禱告，地球上會有某個人遭遇不幸。瞭解這種沒什麼道理的虛幻言論，我們有必要把這個人的說詞反過來解讀其邏輯。因此，這句話可以這樣理解：「這個人不會出事，是因為我禱告了。」想要擁有神奇的力量沒什麼困難的。他們以為隨便耍幾招，就能輕易造成某個人的不幸。從這類宗教人士的幻想世界裡，我們發現他們的行為模式很熟悉，不是一般人會做的。他們在自己的幻想世界裡，故弄玄虛，做些自以為了不起的事，其實對於改變事情的本質並沒有幫助。這些只會做白日夢的人運用想像力唯一辦到的事，就是與現實環境的距離愈來愈遠。

在我們的文明世界裡，還有一樣東西好像也具有神奇的力量，那就是「金錢」。很多人以為，只要有錢就可以擁有任何東西。他們的企圖心與虛榮心只圍繞著財富打轉，所以拚命地去追求世間財物，停不下來。不過，在我們的眼裡，這種行為近乎病態。因為這同樣也是虛榮心的表現，他們希望自己擁有魔法師般的超能力，財產可以愈積愈多。某個有錢人雖然財富已經不虞匱乏，但追逐金錢的欲望始終停不下來。在出現精神異常前兆時，他自己也這樣說：「真的！你們知道嗎？就是金錢的力量讓我想停也停不下來！」這個人知道問題出在哪裡，但很多人根本不敢面對這個問題。今日，擁有金錢與財富，相當於擁有權力，因此在我們這個社會，努力追求金錢與財富看起來是很正常的，卻沒有人發現，那些一心只想追逐金銀財寶的人，其實完全被虛榮心牽著走。

我們要提出另一案例，來結束這個主題。在這個案例中會一併看到，之前討論過的各種觀念。同時，還有機會看看虛榮心是怎麼發揮強大的作用，幫人逃避責任。

這個案例涉及一對姊弟。大家都認為弟弟天資駑鈍，姊姊才華洋溢。一段時間下來，弟弟覺得自己不可能贏過姊姊，不想再競爭了。儘管大家還是努力幫他排除各種障礙，弟弟最後還是退到陰暗的角落。雖然不爭了，他的壓力仍然很大。因為他曉得，自己的能力很差。他從小就知道，姊姊在生活上遇到任何困難，總是兩三下就能處理好，而他卻只能做些不重要的小事。姊姊的能力比較強，所以大家自然給他貼上能力不足的標籤。但事實並非如此。

於是，弟弟背負這樣的心理壓力上學了。求學階段的他，個性明顯比較悲觀，總是想盡辦法不要看到自己能力不足的一面，不想承認這點。隨著年紀增長，他也開始希望，自己不要再被當成笨小孩，希望大家把他當作大人來看待。十四歲的他，已經開始頻繁進出成人的社交圈。然而，自卑感猶如一根刺扎在心頭，逼著他不得不思考，怎麼做才能像個成熟的男人。

結果，他在人生這條路上竟朝著妓院的方向走去，甚至流連了一段時間。由於上妓院是得花費的，而想當個大人的他，也不能跟父親伸手要錢。所以，當他需要錢，就乾脆偷起父親的存款。他一點也不會因為偷竊而內疚，反而覺得自己這樣做有點大人樣，掌管父親的財庫支出。他一直持續著這種行為。直到有一天，他被當了。被留級，等於是向眾人宣告自己不敢公開的事，說出自己能力不足。

事情後來這樣發展：他突然（對留級／偷錢的事）感到十分懊悔，受到良心斥責，嚴重影響學業表現。他運用這個小把戲來拯救他的自尊心，學校課業雖被當了，但他的理由光明正大——他是因為懊悔才會失敗，任何人只要處境與他相同，課業都會被當。此外，懊悔常常令他想起其他事，所以很難集中注意力。他的白天是這樣過的，晚上入睡前則是告訴自己，白天已經盡力了，他真的很想好好念書。但事實上，他根本沒把心思放在課業。這樣想的唯一好處，就是可以保有自尊。

他被迫早早起床，造成他一整天昏昏沉沉、精神不佳，念書完全無法專心。任誰看了都不能要求他必須和姊姊比個高下！所以，書念不好不是因為他能力太差，而是因為念書的同時，有個現象嚴重干擾到他——懊悔與良心的斥責，讓他的心靜不下來。他以這樣的藉口作為防護網，任何外力也動搖不到他的自尊心。被當了也情有可原，沒有人能說他天性愚笨。如果順利完成課業，這當然是因為他能力好的緣故。

只要我們看到類似這樣的把戲，幾乎就可以肯定虛榮心是背後的原因。在這個案例中，我們看到，一個人如何把自己置於躲避責任這樣不利的處境中，就只為了不想讓人發現一件不見得存在的事：自身能力不足。企圖心和虛榮心衍生出這樣複雜的問題和插曲，讓人們無法坦然面對一切，在生活中無法獲得真正的幸福與快樂。仔細檢視箇中原因，發現一切都只為了一個無聊的錯誤！

2——忌妒

忌妒是一種很有意思的人格特質，出現的機會特別多。忌妒，指的不只是發生在男女情感關係的那種忌妒，出現在各種人際關係的忌妒也算在其中。小朋友會出現忌妒的心理，主要是因為他們想贏過別人。這樣的小孩長大後企圖心會比較強，企圖心加上忌妒，這兩種特質加起來，會使得人與環境的關係產生對立。忌妒心和企圖心的關係密切，這兩項特質有可能會跟隨人一輩子。其起因與孩子覺得受到冷落、差別待遇有關。忌妒這種心理現象，普遍出現在家中有小弟弟或小妹妹出生的時候，因為他們需要更多父母親的關注，兄姐會因此覺得自己好像被奪走了王位。這些大孩子在弟弟或妹妹出生前，倍受父母疼愛，這樣的孩子最容易有忌妒心。

有個關於八歲小女孩犯下三起殺人案，就是忌妒心的典型案例。

這名小女孩發育有些遲緩，由於她很脆弱，父母親什麼事也不讓她做。所以，小女孩覺得自己過得相當快樂。然而，這樣的快樂卻在她六歲那年出現了變化——家裡添了一個小妹妹。

她的內心世界出現重大轉變，並對妹妹產生濃烈的恨意，甚至虐待她。父母親不瞭解她為什麼會有這種行為，對她的態度變得嚴厲，想要教導她如何為自己犯下的錯誤負責。

某日，在他們鎮上的小溪中，發現了一個小女孩的屍體。之後，又發現另一個女孩溺死在那裡。最後，當我們這名患者正準備把第三個小孩丟入溪裡溺死時，她當場被逮到。她承認罪行，被送進精神病院觀察，後來被帶到收容所進一步教育。

這個案例裡，小女孩對於自己妹妹的妒意，轉移到了其他年幼的小朋友身上。看得出來她對男孩沒有敵意。從被害者身上，她似乎看到了妹妹的身影，所以嘗試藉由謀殺他人，來填補自己被冷落的感覺。

家中有兄弟姊妹的時候，忌妒的情形會更明顯。在我們的社會上，當女孩似乎沒什麼好處。弟弟出生時，就受到這麼熱烈的歡迎、受到這麼多人的關愛與重視，享有各種優勢，但這些都沒女孩的份。

這樣的人際關係很容易產生敵意。然而，大姊姊有時候也會表現得很慈愛，像媽媽一樣照顧自己的弟弟。但在心理層面，這種情形和前面提過的虛榮心很可能並無二致。大姊姊如果以媽媽的姿態照顧弟弟，那麼她等於是握有權力的人，可以做自己想做的事，幫助自己在不利的處境中找到有利的位置。

家庭最常見的忌妒形式，就是兄弟姊妹之間的過度競爭。女孩覺得受到冷落，想盡辦法要超越兄弟，不斷積極努力嘗試，最後終於超越他們。老天站到她這邊來的情形也不少見。青少年時期的女生，在身心發展方面都比男生快。但是，這樣的差異性會隨著時間流逝，逐漸拉近。

忌妒有千百種面貌，如：懷疑、暗地準備攻擊他人、對他人要求太嚴格、擔心自己會受到冷落……至於忌妒會以哪一種形式展現，這完全要看這種情緒產生前，他們接受了什麼樣的人際互動教育。有的人表現忌妒的方式，是傷害自己；有的則是堅持對抗到底。破壞他人遊戲的興致、盲目地反對、限制他人行動自由、逼得別人聽命於自己等等……都是忌妒可能展現的各種面貌。

訂定一套規矩來規範他人的行為，也是忌妒心強的人常見手段。他們以愛當作理由，逕自要求對方必須怎麼做，對自己的伴侶限制多多，規定對方可以看什麼、做什麼、應該怎麼想。忌妒也可能以貶低他人、責備他人的方式呈現。總之，目的只有一個：奪走他人的自由意志，限制對方的行動自由，束縛對方。杜斯妥也夫斯基在《Netotschka njeswanowa》這部小說中，將這樣的行為模式描寫得相當精彩。故事的男主角嚴格限制妻子的行動，一輩子都管得妻子死死的，他運用了先前討論過的各種手法，達到控制對方的目的。我們明白，**忌妒也是人們為了追求權力而表現在外的一種形式**。

3——妒羨

一個人只要有心追求權力與控制權，就可能會表現出妒羨的特質；如果把人生目標訂得太高而難以實現，便會出現自卑情結。自卑感會形成壓力，對一個人的言行舉止、生命態度產生很大的影響，使人覺得自己距離目標太過遙遠。對於自身評價很低，也對生活經常感到不滿足，是他們的主要特徵。他們把時間用來衡量別人的成功，一心只在乎別人怎麼看待自己、別人有多大的成就。這種人心裡一直覺得自己被冷落、被歧視。事實上，他們擁有的可能比別人還要多。覺得被冷落所衍生的各種行為現象，代表了這個人的虛榮心沒得到滿足，希望自己擁有的比別人還多，甚至擁有一切。會妒羨別人的人，不會承認自己希望擁有一切，因為社會意識不允許他們有這樣的想法。但從行為上卻看得出，他們想要擁有一切。

內心一直在衡量別人有多成功，「妒羨」便油然而生，這樣對於自己追求幸福快樂不見得有幫助。人類的社會意識不允許人們妒羨，但在世上幾乎找不到完全不會眼紅的人。我們沒有人逃得掉。如果人生過得一帆風順，比較不會妒羨他人。但如果日子過得坎坷，覺得被人欺壓，或者缺錢少衣、挨餓受凍，或覺得未來沒有希望，走不出當下的困境，這時就容易產生妒羨的心理。

人類文明的發展，還在起步階段。我們的倫理道德觀與宗教觀，都不贊同人們表現出妒羨的一面。但從心理層面來看，沒有人能夠成熟到完全不會妒羨別人。窮人妒羨別人，這可以理解。如果有人可以證明，窮人不會妒羨，這點反而令人費解。關於妒羨這個特質，必須從當代人的內心世界來考量這個因素。人們只要覺得自己的行動受到過多限制，無論個人或團體都會出現妒羨這種情緒。可是，這一旦以最惹人厭的形式表現出來時，我們並不曉得，該怎麼預防人們生起這種情緒，以及伴隨而來的恨意。但有一件事是，社會上每個人都應該知道的：遇到有這種心理特質的人，不要存心去試探，也不要故意招惹。我們應該懂得巧妙地不讓這種人有機會發作這項特質。沒有比這更理想的做法。然而，我們起碼可以要求這類型的人，不要因為一時取得優勢，就在其他人面前耀武揚威，這樣很容易傷人。

個人與社會的關係密不可分，這一點從這種人格特質一開始如何形成，就可以得到證實。一個人只要有心在社會裡取得優勢地位，證明自己的能力比別人強，同時一定會激發他人反對，出面阻礙他。擁有「妒羨」這樣特質的人存在於這個世上，因此我們得訂定各種方法與規則，希望有助於全人類地位平等。在此，我們要直覺、理性地帶出一個論點與法則：**全世界人類的地位是平等的。這樣的法則若遭到破壞，必會立刻造成對立與衝突**。

妒羨表現在外的特徵很容易辨認，有時候從神情就能看出。關於妒羨這種特質，有個與生理相關的常見譬喻：「忌妒得眼紅。」從這點能看出，妒羨的情緒會影響人體血液循環；妒羨的生理現象，可以從微血管擴張這點看出來。

由教育的觀點來看妒羨，只有一個方法可以解決。既然我們無法完全消弭這種情緒，那麼乾脆好好利用它，給它一個疏通管道，將這種感覺導往有利的方向，就不會對心理帶來太大衝擊，這樣做不僅對個人有好處，對團體也是。我們會建議這種人找一份有助於提升自尊的職業。至於那些覺得被邊緣化的國民，我們只能建議他們多多開發內在本有的力量。

任何人只要把生命用來妒羨他人，對社會是沒有用處的。這種人只想從別人身上奪走東西，造成他人困擾。同時，他們還有一種傾向，擅長替自己無法達成的目標找藉口，失敗了都是別人的錯。這種人個性好鬥，容易滋事，沒有同胞愛，不願做有益他人的事。他們完全不理會他人處境，對於人性的瞭解也有限。看到別人因為自己的行為而受苦，他們無動於衷。妒羨感很深的人，甚至在看到旁人痛苦時，還引以為樂。

4——貪心

貪心和妒羨的關係密切，有如狐群狗黨。所謂的貪心，指的不只是貪吝錢財，還有吝於帶給別人歡樂，不願對社會、人群貢獻己力。貪心的人在自己週遭築起高牆，守護他們那可憐的財富。此外，我們不僅發現企圖心與虛榮心相關，還注意到這兩者與妒羨也有所連結。如果我們說，這些種種特質經常同時出現在同一個人身上，一點也不誇張。因此，所謂的讀心術，不是什麼神奇的本領，只要在某人身上看到其中一項特質，我們自然可以推斷，其他特質也必然存在。

在我們這個社會上，幾乎每個人都是貪心的，只是程度不同罷了。一般人頂多把這個特質隱藏起來，或者刻意裝得非常慷慨大方，藉此掩蓋真面目。其實這種行為和施捨沒兩樣，表現出慷慨大方的一面，目的是為了貶低別人抬高自我價值。

在某些情況下，如果將貪心運用於生命中好的部分，其實很有意義。如果貪心的對象是時間與勞力，那應該可以做很多事。在我們這個時代，無論從科學或者道德觀點來看，往往強調對時間的貪──嫌時間不夠多是好的，甚至要求人們要節省時間與勞力。理論上，這種說法好像很好。但當理論實際應用到生活中，不管怎麼看，背後出發點都是為了追求個人優越感和權力。理論經常被濫用，節省時間與勞力，最後都變成把實際的工作壓力轉移到別人身上。

人類所有活動，都只能根據這套講究實用性的普遍標準來衡量。在工業化的時代，人類通常被當成機器利用，管理勞力的原則也被用於管理生活。這套原則要是用在工作上，往往被視為理所當然。不過，如果用在生活中，則容易造成人與人之間的疏離、孤立，並破壞人際關係。

所以，我們最好要改變生活態度：付出比吝嗇好。這樣的原則絕對不可以從我們生活環境抽離，不可以傷害他人。一個會把人類福祉放在心中的人，是不會傷害別人的。

5——恨意

好鬥者通常也會表現出恨意。恨意的性格傾向，通常在童年時期就看得出來。恨意的表現，有程度之別。重者大發雷霆，輕者則抱怨不休、心存惡念。一個人喜歡抱怨、憎恨他人的程度輕重，時常可作為評斷人格的指標。我們對這點若有多點認識，對於一個人的內心世界如何也會比較瞭解。因為，恨意與惡念會改變人的性格。

恨意，會表現在許多不同地方，可能用來對付某人、某個國家、某個社會階級、某個種族，或者與自己性別不同者。恨意通常不會直接被表現出來，和虛榮心一樣，懂得隱藏真面目。例如，恨意可能以批評的方式被呈現；有時可能激烈到斷絕所有人際關係；有時，會像閃電般突然爆發。有個自戰爭退役的患者說過，最喜歡閱讀恐怖殺人事件等這類傷害他人的新聞報導。

在刑事案件裡，我們經常看到與恨有關的人格特質。比較輕微的恨意表現方式，在人們的生活中相當常見，不見得會冒犯到別人或者很可怕。憤世嫉俗者對人類展現出強烈敵意，屬於隱藏式的恨意。有些哲學派系的人對於人類非常不友善，極為憤世嫉俗，他們的行為與一般粗鄙、完全不加掩飾的野蠻行徑沒有兩樣。我們從一些名人的自傳可以看到若隱若現的恨意。這是真的，但不是我們思考的重點。我們只要知道，雖然藝術家對人應該有同理心，這樣他們的作品對人類才有意義。然而，藝術家有時確實會在作品中，表現出對人充滿恨意與冷血的一面。

表現恨意的方式眾多，處處得見。但在此不打算討論，這是因為如果我們把某種單一性格特質與憤世嫉俗的關係全部討論清楚，會偏離主題。就像，某些工作與職業本身就隱含憤世嫉俗的特質在內。奧地利劇作家格里帕策（Grillparzer）說過：「人們殘酷的一面，會直覺地從藝術創作中盡情抒發。」這句話的意思當然不是說，從事這些職業者必定對人心存恨意。相反地，那些討厭人類的人一旦決定從事某種與自己個性特質相似的工作，舉例來說，軍人。那麼，他們對於人類的敵意便得到疏通的管道。因此，他們的行為表面上還算符合社會運作法則。由於工作，他們必須改變自己才能融入大環境，與其他同樣也以這份工作為業的人共處／建立關係。

有一種形式的敵意掩飾得特別好，這種行為叫做「過失（criminal negligence）」。過失傷害的對象，可能是人或財產，其特點是行為人思慮不夠周詳，沒有把社會意識的要求放在心上。

如，某人開車超速，不小心撞了人，辯說是因為趕赴重要的會面行程，替自己開脫。我們只看到一個人為了自己微不足道的小事，將他人的安危拋諸腦後，陷他人於險境。私事與公眾利益擺在天平兩邊，孰輕孰重，可以作為一個人對他人有多少敵意的指標。

仔細觀察孩子的遊戲，我們一定會看到那種不太管別人死活的孩子。因此，我們可以肯定，這樣的小孩對待自己同年齡的孩子並不友善。當然，我們應該蒐集更多證據再這麼說，可是我們只要看到一群小朋友玩在一起，往往會發生一些意外。這不得不讓人說，小孩子不太把玩伴安危放在心上。

我們要特別談談商界生態。商人的敵對行為沒有無意與有意的差別。商人並不關心競爭對手的死活，對於我們覺得很重要的社會意識也不太重視。許多生意手法與企業組織的基本理念是，一個企業的成功，必定是把他人利益踩在腳下而得。於是，即便商業行為的背後有惡意傷害他人的意圖，也無法可罰。我們每天看到的商業行為，其社會意識是不足的。它們和「過失」一樣毒害社會。

即便有些人動機良善，在商界壓力下，也會想辦法保護自己。我們忽略了一項事實；**人們為了保護自己，通常會傷害他人**。我們希望大家注意這些事，是因為在商場上面臨壓力時，通常無法發揮社會意識。現今，若要人們為了共同福祉相互合作，較為難行。我們必須想辦法解決這個問題。事實上，人類為了保護自己，會自然而然地朝建立良好社會秩序的方向努力。心理學界人士必須合作，設法明白這些變化，希望最終有助於我們進一步瞭解商界的人際互動，也有助於瞭解這類人際關係背後的心理機制。唯有如此，才能知道個人與社會未來會如何發展。

第3談

非激進型人格

人類社會的存在自有其法則，與之對立是不智的。事件的發生涉及許多因素，過程也可能衍生出不少問題，讓我們很難直接鎖定事件的因果關係，來提出有效的結論。唯有好好研究人類一生的行為模式以及人類的歷史，我們才能對事件的因果有深刻的認識，才能證明錯誤的行為究竟從何而起。

有些人格特質雖然沒有公然與人類對立，但這些人傾向孤立自己，同樣也是敵意的一種表現。這類型的人，我們將他們歸入非激進型人格。看起來，他們應該是將潛藏的敵意轉移到其他方向，所以我們看到的是敵意迂迴型的人格特質。這種人不會傷害任何人，但他們會退出社交圈，不與人接觸。因為他們自我孤立，無法與人合作。然而，**生命的課題通常在團體中才能完成**。一個孤立自己的人，不禁讓人聯想到他們的敵意，與那些公然與社會對立的人並無分別。許多相關的研究對於我們的實驗很有幫助，以下將提出幾個鮮明的例證來說明。我們現在首先要討論的，是怯懦與離群索居型的人格特質。

1 離群索居

離群索居與自我孤立會以不同型式呈現。疏離社會的人，寡言，甚至根本不說話，不直視他人的眼睛，不聽人說話，或者他人說話時也不用心聆聽。無論身處何種人際關係，即便再怎麼單純，他們的態度都顯得冷漠，這使得他們無法融入人群。旁人從他們的態度、做事的方法、握手的方式、說話的語調、與人打招呼的樣態，或者拒絕與人打招呼的方式，都能感覺得出這種人冷冷的。他們的舉手投足之間，似乎都在將自己與他人劃清界線。

自我孤立的運作機制有許多種，背後潛藏著企圖心與虛榮心。這些人希望藉由表現出自己與他人的差異，來凸顯自己。但他們得到的卻是虛幻的成就感。這種自我放逐的行為看似無害，其實對立的特質相當明顯。我們看過有些家庭完全不與外面的人打交道。他們的敵意與自負，自以為比世上其他人優秀、清高，這種心態是非常明顯的。自我孤立這種特質，可以在某個社會階級、宗教、種族或國家看得到。有時候走在陌生的城市中，觀察城市居民如何用住宅結構來展現各自所屬的社會階層，這種體驗深具啟發。

我們身處的文明世界有個根深蒂固的傾向，就是會任由人們自行隔離，各自建立一個國家、一種信念、一層社會階級。這樣過時無用的觀念，最後造成的下場只有一種——衝突。在這種觀念下，有些人會利用潛在的衝突來策動團體彼此對立，就只為了滿足個人的虛榮心。這種社會階級、這樣的個人往往認為，自己是最優秀的，自視甚高，只想著如何矮化他人。抱持這種觀念的人一直努力製造階級與階級、國家與國家之間的歧異，最終目的，還是為了提高自己的虛榮心。一旦發生不幸事件，好比說，世界大戰。追究責任時，沒有人會怪罪這些人引發戰爭。這種人缺乏安全感，到處製造事端，犧牲他人利益，成就自己的優越感和與眾不同。這種人當然沒辦法推動文明進步，無法滋養我們的文明。

2——焦慮

憤世嫉俗的人，性格上通常都帶有焦慮的色彩。焦慮是很常見的特質。這種特質可能伴隨一個人從小到老，讓人一生都為此所苦，完全不與他人接觸，覺得一輩子都無法過寧靜的生活、沒辦法對世界有貢獻。恐懼，會影響人們做的每件事。人們恐懼的對象可能是外在世界，但也可能是自己的內心世界。

人們疏離社會，是因為害怕外頭的世界。有人很怕獨處，可是那些具有焦慮特質的人，通常只想到自己，很少顧慮別人。一旦要求這種人必須排除生命中所有障礙，那麼他們內心的焦慮只會變得更明顯。有些人不管做什麼事，還沒開始就先焦慮了。例如，只是出門、離開自己的同伴、找工作、談戀愛等等。因為他們與生命、朋友的關係相當疏離，只要事情稍微出現變化，他們就會感到恐懼。

他們的人格發展、有幾分能力可以貢獻於社會，都明顯受到「焦慮」這項特質限制。他們不見得會嚇到顫抖，轉身逃跑。只要放慢腳步，找藉口開脫就行了。只要狀況是他們所陌生的，就立刻變得焦慮不安。而這一點就連他們自己都不知道。

有趣的是，我們發現這些人常常想起過去或者死亡，正好印證我們的觀點——**經常想起過去，也是一種自我壓抑的表現，只是比較不引人注意。**那些習慣找藉口逃避責任與義務的人，特別害怕死亡或生病。他們強調，生命是一場空、生命很短暫，沒有人知道下一秒會發生什麼事。用天堂與來世安慰自己，功用是相同的。對於那些將人生目標放在來世的人，在這個世界所做的事顯得非常膚淺、沒有意義。剛剛提到第一種離群索居型，他們逃避所有的考驗，在虛榮心的作祟下，拒絕接受考驗，不想看到自己真正的價值。而第二種焦慮型，我們發現潛藏在焦慮底下的力量，同樣是為了追求個人優越感，他們想主宰一切，強烈的企圖心也令他們無法融入生命裡。

我們在孩子身上發現恐懼最初、最原始的型態：孩子獨處時會害怕得發抖。這樣的孩子即便身邊有人陪伴，欲望也沒辦法得到滿足。因為他們要的不是陪伴，而是控制。母親如果留孩子獨自一人，孩子會顯得焦慮，使得母親走不開。從這舉動可以證明，不管母親在不在孩子身邊，都完全沒有任何影響。因為，孩子最想做的事，就是讓母親為自己忙碌，控制母親。這表示大人不幫孩子培養獨立自主的精神就算了，還因為錯誤的教養方式，反而給孩子機會養成隨便使喚人幫他們做事的習慣。

大家都知道，小孩子如何表現焦慮。每當陷入一片漆黑或者夜晚來臨時，孩子覺得自己與環境或者親愛的家人之間斷了聯繫，讓他們感到很焦慮。孩子會放聲尖叫，藉此重新建立起被黑夜切斷的連線。如果這時，有人趕到孩子身邊，孩子接下來的表現就會如同前面描述過的，要求別人把燈打開，坐在他身邊等等。旁人只要照做，孩子的焦慮就會平息。但是，只要個人優越感受到威脅，孩子又會開始焦慮。小朋友就是藉著表現焦慮感，來鞏固發號施令的地位。

成人的生活也有類似的情形，像是有些人不敢獨自出門。在街上很容易認得出這種人。因為他們的動作看起來就很焦慮，東張西望地，神情相當不安。有人站在原地不動；有人沿著街道一直往前跑，好像後面有追兵似的。我們甚至還看過，有些女士不敢獨自横越馬路，要求別人陪她一起走。可是，這些人並非是虛弱的病人。他們可以走路，身體也很健康，但一遇到微不足道的問題，就嚇得陷入焦慮與恐懼。他們的焦慮與不安，有時候才剛踏出家門就發作了。這就是所謂的「懼曠症」（agoraphobia）。為這種症狀所苦的人，有種揮之不去的壓迫感，一直覺得有人企圖加害自己。他們認為，有種外力將自己與他人完全隔開，怕自己會摔倒。在我們看來，這純粹是他們把自己拱得太高的後遺症。

從病理學的角度來看恐懼，背後可能同樣也有追求權力與優越感的目標在作祟。許多人擺明把焦慮當作一種手段，逼得別人非要來到他們身邊陪伴不可。因此，沒有人可以離開房間一步，不然這個不安的人又要開始焦慮了。大家都要聽命於這個容易焦慮的患者。所以，一個人的焦慮對週遭的人形成一股約束力，大家必須來到患者的身邊，但患者哪兒也都不用去。患者成了國王，統治所有人。

要消除人類的恐懼，唯有建立人與人之間的關係。只有當他們知道，自己與別人是一體的，活著才不會有焦慮感。

現在來看個有趣的例子，背景與一九一八年奧地利革命有關。當時，有很多患者突然對醫師表示，沒辦法赴約接受心理治療。詢問之下，他們的答案相當具有代表性：時局不穩定，沒有人說得準出門上街會遇到什麼人。如果自己穿得比別人好，不曉得會發生什麼事。

當時的氣氛確實容易讓人變得消極悲觀，但值得注意的是，只有某些人才會這麼想。為什麼只有這些人才有這種想法？這並非偶然。他們會恐懼，是因為從來沒有與他人接觸過。尤其，遇到革命時期這樣不尋常的年代，他們當然覺得很沒安全感。然而，那些與社會互動良好的人就不會感到焦慮，可以照常工作。

膽怯，也是焦慮的一種表現。但焦慮的程度比較輕微。我們前面對於焦慮所做的討論，相同適用在「膽怯」這項特質。如果將孩子放在非常單純的環境中，我們會發現，他們肯定會由於膽怯而不想與人接觸，或者破壞既有的人際關係。自卑感，覺得自己與他人不同，使得孩子無法找到新朋友，享受與人互動的樂趣。

3 怯懦

怯懦者覺得，天底下每一件事情做起來都十分困難。他們對自己的能力沒有信心，認為自己什麼事也辦不成。有這種特質的人動作都慢半拍。他們不僅不願意認真處理自己手邊的工作，甚至擺著不動。當他們應該好好面對生命中的問題時，卻溜掉了。這種人就屬怯懦一型。他們突然發現，當初自己選擇的工作現在完全做不來。有的會找各種理由來推翻自己的思考邏輯，最後放棄這份工作。除了動作慢半拍，怯懦表現在外的行為還包括過於謹慎，準備過於周全，目的只有一個：逃避所有責任。

個體心理學把「怯懦」這種非常普遍的心理現象所衍生出的種種複雜難題，以一個觀念統稱：「距離問題」。距離問題是種視角，有助於我們冷靜判斷一個人以及衡量這個人，距離順利解決人生三大問題這個目標還有多遠。這三大問題分別是：一、如何履行社會責任？二、如何建立自己與他人的關係，這個人與他人互動的方式是否正確，有沒有造成妨礙？第三則涉及職業與工作，愛情與婚姻。**從一個人解決生命難題的能力，我們可以判斷這個人是什麼個性**。藉由這三大問題，對於一個人的人格，我們可以略知一二。同時，還可以利用蒐集到的這些資訊，來幫助自己瞭解人性。

關於怯懦，正如我們前面提過的，那些把工作擺著不動的人，通常有這個特質。但是，在看似消極行為的背後，自有他們一套樂觀的邏輯。我們甚至可以說，有些患者之所以出現這種行為，完全是基於這套樂觀的邏輯。假如，他們事前完全沒有做好準備，隨即著手工作，萬一之後失敗了，也情有可原，絲毫無損他們的自我價值與虛榮心。所以，這種情形讓他們很有安全感，就好像他們在表演走鋼索，知道下方有一張防護網保護著，就算摔下去了，也沒有什麼大礙。他們有千百種理由來證明，自己為什麼無法好好完成工作。例如，工作可以早點進行，或者事前準備做得完善些，一定可以順利完成。這樣一來，事情沒完成和他們人格缺陷完全無關，而是中間有了些小狀況才會出乎預期。如果他們順利完成了，成果會很耀眼。當他們辛勤努力地工作，圓滿完成任務，也沒什麼好驚訝，因為這是固然的。但假使他們的工作起步很晚，或者只做了一點點，還是事先準備得不夠充分，而最後仍順利解決問題，此時，他們的立場似乎相當有利，更因此成了英雄中的英雄，別人用兩隻手才能完成的事，他單手就行了！

這些就是內心世界施展的迂迴策略所帶來的好處。不過，這樣的迂迴策略無意透露出當事人的企圖心與虛榮心。此外，這也顯示出，人們喜歡扮演英雄的心態——至少自己會認同自己是英雄，製造出己身能力過人的假象。

現在，我們來看看另一種人。這種人希望可以避開我們前面討論過的各種問題，為此，他們替自己製造了許多麻煩，最後乾脆什麼問題都不處理。即便處理了，態度也是遲疑不決。從他們的迂迴策略中，我們發現，他們在生活上會出現異常行為，像懶惰、懈怠、經常換工作、怠忽職守等等。他們這種生命態度有時會表現在儀態上，行走的步態好比蛇一般。他們會這樣絕非偶然。我們可以保守地這樣說，人們只要有心規避問題，就會採取迂迴策略。

實際從生活中找一個案例來看看會更清楚：

有一名男子直接表明活著沒有意義，他活得厭煩了，只想去死。他覺得，生命毫無樂趣可言，擺出不想再活下去的模樣。經過諮商診療後，我們知道，他家裡有三個兄弟，而他是長子。他的父親企圖心很強烈，以無比毅力通過生命的每一道關卡，成就輝煌。

這名患者是家裡最受重視的孩子，眾人都期望他有天能夠繼承衣缽。男子的母親在他很小的時候就過世了。或許是因為父親對他疼愛有加，他與繼母相處得非常融洽。

身為長子的他，極度崇拜權勢。他的舉止、性格都染上了鮮明的專制色彩。在學校，他一直保持班上第一。畢業後就繼承了父親的事業，與員工互動時，總是一副施捨的姿態。但他對員工很好，不會說重話，薪水也給得很高。員工提出的請求若是合理，他會照辦。

一九一八年發生奧地利革命後，事情有了轉折，他開始抱怨，管不了自己的屬下，這令他感到很苦惱。以前員工有意見都是用請求的，現在都用強迫的。他很心煩，只想把事業結束掉。他的態度也因此有了重大轉折。原本，他是個愛護屬下的主管，但如今他的權力地位受到動搖，就無法像這樣繼續下去了。

他的處世原則不僅打亂了工廠的運作，也影響到自己的生活。如果他不要這麼急切地想要擺出老大的姿態，應該是個容易親近的人。然而，他覺得，眼前最重要的，就是用權力控制一切。

實際上，人際關係與職場關係的發展方向，並不是他想用權力掌控就能把持的。於是，他覺得工作完全沒有樂趣。由於管不動員工，他與員工爆發肢體與言語衝突，令他想放棄一切。

虛榮心使他劃地自限。整個大局勢變化得太過突然又充滿矛盾，他也捲入其中。因為他在狹隘的觀念下成長，也不曉得怎麼轉變想法，不懂如何改變做事的原則。他的人生目標只有一個：追求權力與優越感。隨順己身的虛榮心，是他最鮮明的人格特質。

我們研究過這個人生活中的各樣人際關係，發現他人緣不好。一如所料，圍繞在他身旁的，盡是一些認同他的優越感、服從他命令的人。另外，他會很尖銳地批評別人，加上他很聰明，說話有時非常尖酸刻薄。他好譏諷的個性把朋友全趕跑了，所以身邊沒什麼朋友。從人際互動上找不到的東西，他會轉而從其他方面找樂趣彌補。

然而，他由於性格所導致的真正挫敗，是出現於愛情與婚姻上。他的命運本來不會如此多舛，但現在他卻被命運給擊倒了。

愛情，是建立在深刻的夥伴關係之上，不允許任何一方控制欲太強。但因為他喜歡發號施令，在選擇結婚伴侶時，一定是選擇與自己的欲望相合的人。一個霸道、優越習慣了的人，絕對不會選擇性格軟弱者作為另一半。他會找一個可以征服的對象，一遍遍地征服對方，代表一次又一次的勝利。於是，兩個性格相近的人共同組成的婚姻，展開一場永無止盡的戰爭。我們的患者選了一位在各方面都比他還要霸道的女性作為妻子。兩人都忠於自身的原則，想盡辦法在各方面保住自己的優勢。於是，他們的關係愈來愈疏離，但卻不敢離婚，不願意退出他們的婚姻戰場。因為，他們都希望自己能獲得最終勝利。

我們的患者在這段期間做的夢，說出了他的心情。他夢見，自己與一位形似女僕的年輕女子交談，她很像他工廠的記帳員。夢裡，他對她說：「妳要知道，我的出身不凡。」

想要理解夢境的邏輯思維並不難。首先，看他以什麼角度看待別人。在他眼裡，人人都是僕人，缺乏文化素養、地位卑下。如果是女人，地位又更低一等了。不要忘了，他與妻子不和。所以，我們可以說，他夢中那名女子象徵他的妻子。

沒有人瞭解我們的患者，就連他自己也不明瞭。由於他自視甚高，心中只有自己虛浮的目標。他的高傲，反映出他與這個世界的關係是疏離的。他要求別人必須認同他的出身不凡，但其實這一點道理也沒有。他貶低所有人存在的價值；他的人生觀容不下愛與友誼。

人們經常會想出各種理由，把自己的心理變化給合理化。通常，這些理由本身相當合乎情理，但並非所有情形都適用。我們的患者就是個好例子。他覺得，自己必須建立人脈，並努力朝著這方面嘗試，因此他參加同行的聚會，把時間花在飲酒與打牌等等沒有意義的消遣活動上。他認為，只有這樣才能結交到朋友。他每天都很晚才回到家，隔天早上昏昏欲睡，非常疲憊。他的說法是，想要廣結人緣，就必須參加聚會諸如此類。如果他參加聚會也能兼顧好工作，那麼這種說詞或許還能成立。然而，他卻是因為這樣，遠離了工作。雖然他的論點正確，但作法完全錯了！

這個案例證明，**將我們帶離心靈發展正軌的，並非是外在的客觀經驗，而是我們的心態、衡量事物的角度與方法**。我們在此討論人類可能出現的各種錯誤，這個案例以及其他類似案例，顯示出的一連串相關錯誤，還有可能衍生的錯誤。我們必須想辦法檢視一個人的整體行為模式，他運用了哪些理由來合理化，去瞭解這個人所犯下的錯誤，並給予適當的指導來糾正。這整個過程與教育類似。**教育的目的，就是修正錯誤**。想修正錯誤，就必須針對錯誤進行解讀，以此為依據，來瞭解一個人的心靈如何往錯誤的方向發展，並且出了問題，釀成悲劇。

在此，我們不得不欽佩那些看到事情的起因，就能預知結果的古人。他們用神話中的復仇女神涅墨西斯（Nemesis）來表示有因必有果，明白指出一個人若因為心靈發展走偏了，不把群眾福祉放在心上，僅盲目崇拜權力，就會遭遇不幸。像這樣瘋狂追求權力的人，為了達成目標會採用迂迴策略，不管他人利益。由於害怕失敗，所以長期處於恐懼裡，這是他們必須付出的代價。我們發現，這種人在人格發展上，常會表現出精神方面的疾病，造成他們做事時遇到很多阻礙。他們會根據經驗來解讀這些症狀，覺得每往前跨一步都是重重危機。

社會容不下背離人群的人。要融入社會，還是必須適度地改變自己以適應社會，貢獻一己之力。不可只為了滿足個人的控制欲，佔據主導地位。這個原則是正確的。這一點，我們從觀察自己，或者觀察週遭其他人，也都是如此。我們知道有些人拜訪他人，表現得很得體，不會給人帶來困擾，但是對朋友也冷冰冰的，因為他們只在乎自己的權力。

這類型的人會靜靜地坐在桌旁，臉上從沒出現過快樂的表情。他們喜歡在公開的研討會上發表，在一些小事情上表現出真實個性的一面。像是，即便別人根本不在乎誰是誰非，他們仍會想盡辦法證明自己是對的。一旦證明自己是對的，別人是錯的，他們就不關心引起爭論的那件事了。然而，在使用迂迴策略的同時，他們也出現若干令人困惑的行為，如：莫名的疲憊、瞎忙、失眠、喪失權力、抱怨東抱怨西。簡而言之，他們會沒來由地不停抱怨，看起來像個神經質的病人。

其實，這些全是他們精心發明、用來轉移注意力的症狀，這樣就能不需要面對自己最害怕的事。他們會選擇以這種方法自我防衛，並非偶然。你能想像，一個十分倔強的人竟然會怕黑嗎？可以肯定的是，只要見到這種人，就知道他們無法與這個世界和諧共處。唯有消除黑夜，才能滿足他們的自我。

他們認為，要他們融入一般人的生活，除非把消除黑夜這樣的事變成生命的必然條件。但是，提出這種根本不可能實現的條件，等於是表示自己動機不良。他是生命的反對派！

當一個神經質的人遇到問題，不曉得該怎麼解決而感到害怕時，就會表現出種種神經質傾向。可是，這些問題只不過是他們在日常生活裡所應盡的職責與義務罷了。忽然生活中出現這些問題，他們就會想盡各種理由，替自己辦事不力找台階下，或者處理得拖拖拉拉，又或者乾脆找藉口推掉不做。這樣一來，他們等於是逃避維持人類社會正常運作所必須盡到的義務。不單傷害到週遭的人，廣義來說，也傷害到世上每一個人。如果我們對人性能夠瞭解得多一些，懂得記取教訓，不要不忘了久遠前那些悲慘事件背後可怕的因果，那麼我們或許早就可以避免這些發生。

人類社會的存在自有其法則，與之對立是不智的。事件的發生涉及許多因素，過程也可能衍生出不少問題，讓我們很難直接鎖定事件的因果關係，來提出有效的結論。唯有好好研究人類一生的行為模式以及人類的歷史，我們才能對事件的因果有深刻的認識，才能證明錯誤的行為究竟從何而起。

4——野性是缺乏社會化的表現

世上還有一種人，他們個性粗野，缺乏文化涵養；有的會咬指甲，有的常挖鼻孔，而有的一看到食物就餓虎撲羊。這些行為表現是有意義的。每當我們看到吃東西狼吞虎嚥的人，就清楚知道這種人不懂得節制欲望，也缺乏羞恥心，相當貪婪。吃東西聲響好大！把食物大口大口地吞進肚子裡去！一掃而空！食量驚人！吃個不停！像這種一刻不吃東西就很難過的人，相信大家都看過。

性格粗野者，通常也不喜歡整潔，生活凌亂不堪。而那些由於工作太多，顧及不了生活細節，或者因為勤於工作就忽略整潔者，則不在討論範圍。我們要討論的，是那種通常不喜歡工作、不想做些有用的事、看起來凌亂骯髒的人。他們必有的特點，如喜歡破壞秩序、激怒他人。

個性粗野的人外在行為還不只如此，他們完全不理會社會的遊戲規則，只想脫離人類的活動範圍。人們只要出現這類粗野的行徑，我們就會依此判定這種人對人群是沒有幫助的。粗野的行為大多數從小時候就開始了，但大部分的孩子在成長過程中會改變這種舉動，只有少數在成年後依然保有這些幼時的特質。

追根究柢這類表現，多少顯示出他們不願意接納其他人。他們與生命的關係疏離，不願融入人群，也不易接受道德教化，拒絕改變自己的粗野。

他們之所以不願意遵守生命的遊戲規則，就是因為覺得咬指甲之類的行為沒有什麼不對。他們把衣領弄得髒兮兮、套裝沾染上汙漬，就是讓他人與自己保持距離的最佳方式。他們以為這樣就不會被人批評、不用與人競爭、不用成為注目的焦點，也可以從愛情與婚姻關係逃離。他們當然沒辦法與別人競爭，而且還有好藉口——把一切推給粗野的習慣。他們會大聲地說：

「如果沒有這種壞習慣，我早就成功了！」然後才小聲地替自己辯解：「但可惜的是，我有這種習慣。」

這裡有個案例，讓我們見識野蠻的行為是怎麼被人當作自我保護、虐待他人的工具：

> 這是個二十二歲還會尿床的女子，她在家中排行倒數第二。由於體弱多病，自小就享有母親特別的關照。她最依賴的人就是母親。為了將母親二十四小時綁在身邊，她用盡各種方法——白天表現出焦慮，晚上則是利用害怕黑夜與尿床的方式，達成了目的，滿足她的虛榮心。她用不當的行為順利霸佔母親，讓兄弟姊妹難以享受到母愛。
>
> 這名女子還有個部分相當異常，就是無法交友、不願走入人群，也不願上學。只要離開家門，她的焦慮就發作了。待年紀稍長，要她傍晚外出跑腿買東西，晚上獨自回家，都成了苦差事。她回到家後，整個人看起來既疲憊不堪又焦躁，一直訴說路上遇到多少可怕的事。

從這些特點，我們看出，她想要永遠留在母親身旁，但家中經濟並不許可，她必須外出工作。最後，她被逼到不得不找一份工作，卻只做了兩天就辭職不幹。老闆非常生氣。

這名女子的毛病——尿床，又發作了。她母親並不明白她為什麼會有這個情況，於是嚴厲地斥責她。女子因此企圖自殺，被送到了醫院。而她的母親則說，自己再也不會離開她身邊了。

她的種種行為，如：尿床、害怕黑夜、不敢獨處、企圖自殺，全都指向同一個目的。這些行為發出的訊息是：「我必須緊緊跟在母親身邊，母親必須把注意力放在我身上！」她養成了尿床這種粗野的習慣，是有緣故的。現在，我們明白，**壞習慣也可以用來判讀一個人的性格**。而且，我們也清楚，如果要糾正錯誤，就必須要對患者有全盤的認識，而且也要將他們的出身背景納入考量。

總的來說，我們發現，孩子會出現野蠻行為和壞習慣，是希望身邊的大人多注意自己。那些想要當大人物的孩子，或者表現出虛弱、笨拙的一面給大人看的孩子，通常會使用這些方法。

另外，有的孩子平時很乖巧，但當家裡有外人到訪，就馬上變成小惡魔，出現不良行為，其背後意義也是類似的。小孩子希望受到旁人重視，會不斷朝著這個目標努力嘗試，直到達成才會罷手。這樣的小孩長大後，會想盡辦法逃避社會責任。譬如，使出野蠻的一面；有時候，故意與別人處不來，阻礙公共利益的實行。躲在這些行為內面的，是蠻橫與野心勃勃的人格特質。可惜，這類行為變化多端，被掩飾得非常好，致使我們難以辨認出其起因為何，而目的又是什麼。

第4談

其他人格特質

用不同的角度看待人類關係，體認到每個人是絕對平等的個體，是一種進步的觀念，對我們是有幫助的，可以避免我們的行為出現重大錯誤。心理學家如果相信人類對生命的態度，對生命的職責，取決於人們的情緒與性情，認為這種特質與遺傳有關，便是不對。情緒與性情並非由遺傳而來。

1——開朗

我們前面已經提過，根據一個人有多少意願服務大眾、幫助他人，帶給他人歡樂，就能輕易明白這個人的社會意識指數有多高。能夠把歡樂帶給大家的人，比較吸引人。一般說來，這種人個性開朗比較容易親近，同理心較強。具備這種特質的人，我們直覺就能判斷出，他們社會意識指數非常高。這類型的人不會給人壓力，不會要求別人替自己做事，不會任意把自己的焦慮轉移到他人身上。他們很能幹，在人群中會散發出快樂，日子過得充實又美好。我們可以感覺得出，這種人很善良，而他們的善良不僅表現在行為上，對人的態度也是如此。他們關心他人利益，以及他們的整體外觀，像：衣著、言行舉止，還有說話的模樣、快樂的心境、他們的笑聲等等，這些都能看出。

洞悉人性的俄國作家杜斯妥也夫斯基說過：「我們從笑聲就可以知道一個人的個性，不用透過無聊的心理分析報告。」不過，笑聲可以串起人與人的關係，也可以切斷這樣的關係。有些人的笑聲聽得出有些挑釁的意味，因為他們在嘲笑別人的不幸。人的群聚關係是天生本能，但有些人卻是完全笑不出來，他們與群聚關係非常疏離，沒辦法帶給他人歡樂，自己看起來也不快樂。還有一種人，他們心裡只想著，自己在生活中可能會遭遇到什麼痛苦的事，所以完全無法將快樂散播給他人。他們不管走到哪兒，都好像只想把那裡的光給滅了。他們完全不笑，除非有人逼他們笑，或者他們想要假裝自己是可以散播歡樂的人。因此，為什麼有的人同理心很強，有的人卻缺乏同理心，也不是什麼難以理解的事了。

缺乏同理心的人，喜歡潑人冷水與滋事。他們四處對人說，這個世界充滿痛苦與哀傷。有的人經常表現出被生命重擔壓得喘不過氣來的樣子。生活只要遇到一點小困難，就要大做文章，搞得未來一片黑暗、陰鬱。如果見到別人很開心，他們一定要說些讓人難過的話，迫不及待想要讓對方看看同一件事的黑暗面，好像自己有預言能力。為了達到這個目的，他們不只用言語，甚至還以行動干擾，讓別人快樂不起來，自己也沒辦法融入人群。無論對自己或別人而言，他們都是徹底的悲觀主義者。

2——欠缺思考能力

有些人的思維模式與行為表現實在太做作，令人忍不住多看一眼。有些人所思所言全是格言和諺語，好像他們的腦袋只裝了這些。他們話只要說一半，我們馬上知道下半句是什麼。這類人的言談很像通俗小說，聽他們說話就好像在讀誦低級小報的標題。他們講話處處引用行話或者專業術語。這類人的舉止同樣有助於我們進一步瞭解人性。有些人的想法或用字遣詞，是一般人不會用的。一個人粗鄙低俗的心態，從他們說的每句話都可能感受得到。有時候，甚至說話者本人都會被自己嚇到。當一個人回應他人問題時，老是引用報章標題或行話；思考或者行動時，只會用小報或者電影的陳腔濫調，這表示說話者在評論或批判他人的時候，不會顧慮別人的感受。當然了，這表示很多人的思考角度受限。而從這個地方就能看出，這種人的心智是退化的。

3 —— 幼稚學童心態

我們常常看到，有些大人很像沒完成學業的孩童，言行舉止停留在學齡前的階段。無論在家、在職場、在社會上，他們看起來就像小學生；聽別人說話時，迫切地等待機會發表自己的意見。在社交場合，只要有人提出什麼疑問，他們迫不及待地搶答，好像很怕別人不曉得自己對於這個問題也略知一二，一副等著學校頒發獎狀，以茲證明的模樣。這種人的問題，就出在他們只有處在某種特定的生活型態，才會有安全感。如果遇到的環境不宜表現小學生般的行為時，他們就會非常焦慮，沒有安全感。這種特質會表現在不同心智（發展）層次。缺乏同理心的人，通常一本正經、沉著、不易親近。他們喜歡當那種什麼事的基本原理都懂的萬事通，喜歡當個無所不知的人，或者想辦法根據常理慣例，將每件事分門別類。

4——賣弄學問

還有一種人也很有意思，就是學究型的人。這種人習慣將人們的行為、發生的每件事依照某種自以為是的原則來分類。他們相信自己的原則是正確的，無論如何也不會放棄自身原則。如果事情沒有依照他們的原則來解讀，就會感到很不自在。他們是那種枯燥乏味、愛賣弄學問的人。我們認為，這種人極度缺乏安全感。如果不將生命中的大小事全部濃縮成少少的幾條規則與慣例，他們會嚇得不知該如何面對生命。一旦面臨沒有規則或慣例可言的環境，他們只能逃跑。如果人們不理會他們制定的遊戲規則，他們則會覺得受到侮辱，很不高興。他們會利用這種方法，當然是為了爭取更大的權力。例如，世上存在很多這種不願意融入團體、自認清高的人。我們現在曉得，那些道德標準太高的人，他們背後真正的動力，是無止盡的欲望與虛榮心。

即使他們是很好的員工，其枯燥單調的學究型個性還是很明顯。這種人缺乏積極主動的態度，興趣狹隘，怪異的習慣也很多。好比說，他們可能喜歡走樓梯的外緣，或者專走人行道的縫隙。要讓他們改變養成的習慣根本不可能。這些人對於生命很冷漠。為了實踐個人的原則，他們浪費了很多時間，與現實環境完全脫節是遲早的事。一旦接觸陌生的事情，他們完全不知所措，因為他們不知道怎麼應變；因為他們以為少了規則慣例，什麼事也做不成。他們早已習慣冬天，而突然要適應春天，很困難。來到戶外，看到春天溫暖的景象，這是必須與他人互動頻繁的季節，他們會感到害怕，覺得自己做不來。由於他們沒辦法適應新環境，所以很少擔任需要開創性的職務。只要他們不改變自己，就沒有公司老闆會雇用他們。這種特質和遺傳沒有關係，他們的行為也並非固定不變，問題出在他們對生命的態度是錯誤的，這種錯誤的觀點會充斥整個心靈，力量非常強大，形成他們個性的一部分。

5——順從

個性過於順從的人，同樣也無法承擔需要開創性的工作。他們只有在服從他人命令的時候，才覺得自在。盲從的人是依循別人訂定的規矩和律法過生活的，他們奴性之強並非自己所能控制。在各種人際關係中，我們都可以看到這種盲從的人。這種人的儀態多半卑躬屈膝，看到人就鞠躬敬禮，仔細聆聽對方說的每句話，但並沒有思考或判斷話語中意義，只等著執行命令，當別人意見的傳聲筒。他們覺得，服從指令是一種榮耀，有時還服從到令人匪夷所思的程度。這種人樂於奴役自己，順從他人。我們想說的是，控制欲強的人絕對不是理想的人格特質。然而，我們也要提醒大家，生命中遇到任何問題只知道服從的人，他們的人生也不健康。

或許有人會說，像這樣把「服從」當作生命原則的人很多。以幫傭為業的人，不在我們討論範圍。我們要討論的是女性。女性一定要順從，這是不成文卻根深蒂固的慣例，而很多人卻乖乖遵守。他們認為，女性存在的目的就是為了服從。這種觀念毒害且摧毀所有人際關係，但卻沒辦法根除這種錯誤觀念。甚至連部分女性也認為，這是她們必須遵守的律法。但是，抱持這種觀念的人，卻不見得從中獲得什麼好處。總有一天，會有人抱怨說，要是女性別凡事都這麼順從，世界會更美好。

有人說，人類的靈魂不可能一輩子屈從而不反抗。可事實並非如此，女性一旦順從，變得依賴是遲早的事，無法在社會上發揮功用。我們有一個這型的案例：

> 有名女子嫁給一位知名人士，她很愛她的先生。夫妻兩人都深信，女性生來就要服從。後來，女子變得像機器一樣，生命中除了盡責與服侍他人，沒有別的。從這個人的生命，我們看不到什麼獨立自主。她週遭的人也已經習慣她這麼順從，沒什麼意見。然而，默從對任何人都沒有益處。

這個案例並沒有惡化到不可收拾的地步，因為這對夫妻是相當有文化水平的人。許多人認為，女子生來就是要順從，所以能夠預見的是，這個觀點肯定會引發不少衝突。丈夫如果認為，妻子百依百順是理所當然，但其實沒有人可以做到這種程度，那他何時會發脾氣，都很難捉摸。

我們發現，那些習慣順從的女性，專找霸道蠻橫的男子當老公，這種不自然的關係遲早會爆發大戰。有時候，人們會有一種感覺，好像這些女性故意把順從表現得很誇張，是為了證明這種行為實屬愚蠢。

我們已經知道要如何解決這樣的難題。男性與女性同住一個屋簷下，就必須像夥伴一樣互相分擔工作，沒有尊卑之分。這是我們目前可以用來衡量人類文明進展的指標。女性若是過分順從，不僅影響兩性關係，對男性來說也額外增加許多難以解決的負擔，更影響到一國的發展。

古老文明的經濟體系建立在奴隸制度上。今日，或許有許多人的祖先就是奴隸出身。數千年過去了，兩種不同社會階層的人彼此依然陌生、對立。時至今日，在某些族群裡，社會階級制度仍然存在，被奴役的一方必須服從另一方的關係並無消失，久而久之，會形成某種特定的人格特質。古代人一般認為，勞力是相當低賤的工作，主人絕不可為了日常工作，弄髒自己的雙手。而且，在眾人眼中，主人不僅是發號施令者，更是所有高貴特質的化身。特權階層的人就是「最優秀的」。「貴族」的希臘字源「Aristos」就是這個意思。貴族階級由最優秀的人來統治，所謂的優秀，完全由權力來定義，不是檢驗個人德行或特質而得到的結果。人格的檢驗與階級制度的劃分只適用於奴僕；權貴階層就是擁有權力者。

我們現在的觀點，普遍受到以前奴隸與貴族的關係所影響。拉近人與人之間的距離勢在必行，因此，種種階級制度的意義與重要性也會隨之抹去。偉大的哲學家尼采（Nietzsche）主張，最優秀的人應當出來領導群眾，但同時也要受到群眾的約束。當前這個社會，要將人類的主僕關係完全從思維中抹去，平等看待每一個人，是有困難的。然而，用不同的角度看待人類關係，體認到**每個人是絕對平等的個體**，是一種進步的觀念，對我們是有幫助的，可以避免我們的行為出現重大錯誤。有的人已經太習慣卑躬屈膝，非得要有個可以感激的對象才會滿意。這種人活在世上好像一輩子都在使用敬語。然而，我們絕不會因此誤以為，他們喜歡這樣。其實，他們的內心通常很不快樂。

6——霸道

和服從型的人格完全相反，霸道型一定要握有控制權，極度渴望主導一切。他的人生只在乎一件事：「我要怎樣才能把大家比下去？」霸道型經常處在失望的情緒裡，但只要他們的行為不會太激進，對社會仍有用處。

舉凡需要有人發號施令的場合，就有這種人的身影。霸道型喜歡站在可以下命令與組織團體的位置上。當國家局勢動盪不安時，擁有這種特質的人會理所當然地挺身而出。因為身為領導人應有的身段、心態與欲望等等必要特質，他們全具備了。他們已經習慣在家裡當老大，到了外面如果不能當王、當領袖或將軍，他們不會滿意。如果遇到由別人發號施令的場合，他們就完全沒有施展的空間。要遵守他人的命令，會使霸道型很焦慮。天下太平時，這些人通常在公司或社會團體中擔任領導人物，他們總是站在最前線，因為他們會主動向前靠近，有很多話想說。今日的社會對於這種人給予過高的評價，我們並不贊同，但是只要他們不會打擾到生命運作的法則，我們也就沒有任何意見。因為他們也是人，他們的處境同樣危險，他們無法默默無名，可這種人卻無法成為他人的好戰友。

7 ——情緒與性情

心理學家如果相信人類對生命的態度與職責，取決於人們的情緒與性情，認為這種特質與遺傳有關，便是不對。情緒與性情並非由遺傳而來。企圖心過於強烈、極度敏感的人，因為對生命不滿足而衍生的情緒，會以各種逃避的行為表現出來。他們極度敏感的特質，好比昆蟲向外延伸的觸鬚，不斷探測每個陌生環境的虛實，然後再往前走。

然而，有的人生性開朗，會努力為大家製造歡樂，快樂是他們生命的基調，他們把注意力放在生命的光明面。這類型的人表現出的開朗程度不盡相同。有的人快樂得很幼稚；有些人的孩子氣很惹人憐愛。這些人不會逃避職責，他們以嬉戲與天真的心情處理事情，好像在玩遊戲或解謎。這種人最有同理心、最高明。

但這類型的人，有些嬉鬧過頭，應該要嚴肅面對的場合，卻還是一派孩子氣。應該要認真面對生命時，如果還用這種態度是不恰當的。看到他們工作會不太放心，覺得他們缺乏責任感，把事情看得簡單。於是，真的很困難的工作不會交給他們進行，而他們也會自動避開。但是對於這類型的人，我們還是要讚美幾句。與這類型的人共事很愉快，和那些臉色陰沉的相比，這種人可愛多了。開朗的人比起悲觀的人容易贏得人們的好感。悲觀的人處理事情的態度很消沉、不滿，這樣不管做任何事，永遠只看到黑暗面。

8——命運迫害

心理學界常言：「一個人如果無法融入群體生活，人生走到某個階段一定會遇到障礙。」一個容易在群體適應出問題的人，通常不會從經驗中學習，他們遇到不順遂，只會怪罪老天對自己不公平。他們一生的精力都用來證明，自己的運氣實在背到底。他們之所以做什麼事也無法成功，是因為事情只要他們親手處理，一定會失敗。我們甚至發現，這些運氣不佳的人有個傾向，他們覺得運氣很差是值得自豪的事，彷彿有股超自然力量造成這一切。仔細檢視這種觀點，我們注意到在背後作祟的因素還是——虛榮心。有的人會表現出好像有什麼惡靈一直在迫害自己。如果打雷了，他們相信自己一定會被擊中；或害怕竊賊會潛入自家住宅……世上的歹事，他們沒有一樁逃得掉。

只有那些自以為地球繞著自己轉的人，才會有這種誇大的想法。經常遇到不順遂的事，是有可能的。然而，極度虛榮者時常會覺得，世上所有敵對勢力全部衝著自己來，報復他們。這類型的人小時候就已經認為自己是受害者，強盜、殺人犯，以及一群討厭的傢伙，像鬼魂、幽靈等等全部針對他們，好像不管加害者是不是人，都沒有正經事可做，專找他們麻煩。

他們的心態從外在行為就能看出，走路一副壓力很大的樣子，彎腰駝背，務必要讓旁人看了覺得，這個人壓力怎麼這麼大?!這種人讓我們想起支撐起希臘神廟女像柱（Caryatid），一輩子負責撐起門廊。他們把每件事都看得非常嚴重、非常悲觀，所以我們不難理解，為什麼他們做什麼事都不對勁。他們覺得自己受到命運的迫害，因此不僅把自己的生命弄得很悲慘，甚至連別人的生命也是如此。虛榮心才是他們不幸的根源，他們將不幸作為彰顯個人地位的工具！

9——宗教狂熱

這些長期不被人瞭解的人，有些後來會歸信宗教，卻不改作風，繼續原本的行為。他們既會自怨又會自憐，把自身痛苦全數交給自以為正直的上帝。他們不管做什麼事，都只考量到自己。同時他們也認為，像上帝這樣至高無上的神，一定是全心全意照顧他們，對於他們所有作為負起責任。人們還可以藉由一些人為的方法拉近與上帝的距離，像虔誠祈禱、舉行宗教儀式等等。簡單來說，親愛的上帝除了全心幫子民排除煩惱，一心一意關照自己的子民，沒有別的事可忙。這類宗教狂熱分子的想法其實大有問題，古代那種審判異教徒的宗教裁判所假如沒有被廢止，這群人肯定頭一批被燒死。這些人接近上帝與他們接近他人的態度是相同的，除了抱怨還是抱怨，從沒想過要自己想辦法改善一切。他們覺得，互助合作是別人的事。

在此，我們有個案例可參考：

有名十八歲的少女，她的行為證明了，一個人如果過於自我，會造成什麼下場。少女雖然虛榮心很強，但很乖巧勤奮。她的虛榮心表現在宗教上，無論進行什麼儀式，態度都相當虔誠。

某天，她突然開始自責起來，懷疑自己是個十足的異教徒、打破戒律、腦袋裡滿是罪惡的念頭，她整天都在激烈地咒罵自己，言詞狂暴到大家都以為她瘋了。她鎮日跪在角落，嚴厲地批判自我。然而，眾人都認為她好到無可挑剔。

神父想要幫她卸下罪惡的重擔，跟她說她沒有犯任何罪，她最後一定會得到上帝的拯救。隔日，這名年輕少女竟然跑到街上攔住這位神父，對著他大吼大叫，說他沒資格走進教堂，因為他把罪惡的重擔扛在自己肩上。

我們不需要對這個案例討論得太深入。因為，這證明了，企圖心如何滲透到宗教議題上；說明了虛榮心如何讓當事人變成美德、罪惡、純潔、道德敗壞、善良與邪惡的判官。

第5談

情感與情緒

人們會產生憤怒的情緒，必定是以征服另一方為目標。在我們的文化，藉由這些強化的心理活動，人們可以達到自己的目標。假如這種表達方式不被認同，那麼我們脾氣發作的次數就會隨之減少。

情感（affect）與情緒（emotion），也是我們先前提過人格特質的一種。**情緒，是人們在有意識或無意識下感受到壓力時，情感的瞬間宣洩**。情緒和人格特質一樣，也有特定的目標與方向。我們可以將情緒定義為，某個特定時間範圍內的心理活動。情感，並不是什麼神祕難以解釋的心理現象；**一個人在特定的生活型態以及既定的行為模式下，在適當的時間會出現的心理反應，就是情感**。人類情感與情緒的表現，目的在於有利於當事人的前提下，調節他們的狀態，屬於表現強度大、比較強烈的心理活動，會強烈到讓一個人捨棄其他的心理機轉、覺得自己沒有希望可以完成目標。

我們現在要討論的，是那些自卑感很強的人，他們覺得自己能力不足，所以把全部的精力轉化成另一種極為強烈的心理活動表現出來。他們相信，藉由這樣強烈的心理活動，可以讓自己成為關注的焦點，證明自己是贏家。我們會感到憤怒，必定是有個令人憤怒的對象。**人們會產生憤怒的情緒，必定是以征服另一方為目標**。在我們的文化，藉由這些強化的心理活動，人們可以達到自己的目標。假如這種表達方式不被認同，那麼脾氣發作的次數就會隨之減少。

人們如果不太相信自己能夠完成既定的目標，但因為自卑感的緣故，又不想放棄，只好訴諸另一種心理活動方式，利用強烈的情感與情緒表現來達成。這是一個人被自卑感折磨後所產生的方式，轉而把個人力量集中，以一種比較粗鄙野蠻的態度，來完成某個預期目標。

情感與情緒和人格本質有著密切關係，不是某些人才有的心理特徵，而是每個人都有，只是強度不同罷了。每個人會依據各種情況，表現出不同情緒。我們把這種能力稱為「情緒能力」。情緒是人類生活中非常基本的一環，每個人都經歷過。我們一旦對人類有了相當深度的瞭解，不用看到本人，也能預料到這個人平時有什麼樣的情感與情緒。身體與心靈密不可分，而情感與情緒這類心理現象也會影響到我們的身體。我們的生理現象會因為內心表現出某些情感與情緒的反應，跟著出現各種變化，可能會有血管、呼吸系統方面的變化，像是：臉紅、面無血色、脈搏加速以及呼吸頻率的改變。

1 — 分離性的情感

憤怒

憤怒這種情感，可說是個人為了追求權力與控制權，非常典型的心理活動。從這種情緒的表達看得出，情緒發作的人，希望以迅速猛烈的方式摧毀任何障礙。既有的研究報告指出，人們會發脾氣，是因為希望運用所有力量，幫自己爭取優勢地位。像這樣努力爭取認同感的行為，有時會讓人迷戀於權力。擁有這種特質者，只要有那麼一丁點外力介入，企圖削弱他們的權力，一定馬上大發雷霆。或許是經驗累積之故，他們相信只要運用這種心理機轉，就能不費吹灰之力，輕鬆擊敗對手。這種方法從心智的角度而論，不是成熟的表現，但是在很多地方卻管用。在大多數人的印象中，應該都有過這種突然大發脾氣、重新建立自己權威的經驗。

發怒，也有發作得很合理的時候。但這不是我們要討論的重點，我們所要討論的憤怒，是那些發脾氣已然成為習慣、經常發作者。有些人脾氣發得很有一套，人人都知道，這是因為他們只會用這種態度來處理問題。這種人通常很高傲，而且非常敏感，他們沒辦法忍受別人比自己強，或者與自己能力相當。他們要比別人強，才會高興。他們的眼神銳利，處在戒備狀態，不喜歡別人靠得太近，或者看扁自己。這種人容易猜忌，也不太相信別人。

可以想見，虛榮心很強的人，很怕承擔各種難度高的工作，一直無法融入社會。遇到不如意的事，只有一種反應：他們會大發脾氣，激烈到讓旁人受不了。譬如，他們可能會摔破鏡子，或者砸壞昂貴的花瓶。而且不可思議的是，他們事後竟然會推說，自己不曉得哪裡錯了。他們破壞環境的意圖很明顯，一生起氣來就完全失控，有價無價的器物都亂砸一通，而且顯然是刻意的。

發怒這套方法只適用於小社交圈，對於較大的社交圈則無用。這些習慣發脾氣的人，不管走到哪兒都會挑起戰火。

將發怒的情緒表現在外的行為太常見了。當一提到憤怒，就會讓我們直接聯想到暴躁易怒。易怒者對世界充滿敵意，社會意識可說是零。這種人追逐權力的態度很強烈，想致對方於死地。因為情感與情緒是極為鮮明的人格指標，藉由處理各種情感與情緒方面的個案，我們多了練習瞭解人性的機會。我們必須這麼說，所有暴躁易怒、愛發脾氣、講話刻薄的人，都是與社會、與生命為敵的人。我們不得不再次強調，他們之所以追逐權力，是因為自卑感在作祟。一個對自己能力有所體認的人，不會出現這種激進、粗暴的言行舉止。我們一定要知道這一點。暴怒的行為，明顯是自卑感與優越感的綜合表現。這是一種低劣的伎倆：犧牲他人利益，以抬高自己的地位。

酒精，會大大助長憤怒的火苗。只要喝一點點酒，通常就有這樣的效果。醉酒會讓人無視於文明的約束。喝醉的人表現得一副沒受過教育的樣子，完全沒辦法控制自己的行為，無法顧及他人感受。沒喝醉時，還可以把對人類的敵意隱藏起來，努力壓抑自己不友善的一面，而一旦醉酒便原形畢露。所以，那些不懂得與生命和諧共處的人，往往會訴諸於酒精。他們從酒中找到些許慰藉，忘記一切。同時，也藉此替無法實現欲望的自己找台階下。

小孩子大發脾氣的情形比大人更常見。有時候一些微不足道的小事都足以令他們怒不可遏。這是孩子強烈的自卑感使然，以非常直接的方式表達自己對權力的渴望。孩子一遇到不順遂，就會覺得每件事都困難重重，而發脾氣正是因為希望獲得他人認同。

憤怒的情緒如果超越了咒罵與動怒的程度，最後有可能對當事人造成傷害。關於這點，我們順帶要提及「自殺」這件事。自殺者所要傷害的人是自己的親人與朋友，並為自己的挫敗感出一口氣。

悲傷

當一個人無法平復失去的痛苦，就會表現出悲傷。悲傷和其他情緒一樣，也是一種心理代償作用，用來撫平傷痛或脆弱的感覺。從這個角度來看，悲傷與憤怒的功用，可說是相同的。但誘發悲傷的因素與憤怒不同，而表現出來的態度、應用的方法也不一樣。和其他情緒相同的是，背後都潛藏追逐權力的動機。不過，易怒的人目的在於提高自我價值、貶低他人，他的怒火是針對敵人。悲傷的人心理狀態是退縮的，這是他們用來提高自我價值的必要條件。人們用悲傷來滿足自尊、提升地位。但這種悲傷，是一種情緒的釋放，一種針對某種特定環境條件所產生的心理活動。悲傷的人會抱怨，並且以抱怨來突顯自己與他人的不同。悲傷原本是非常自然的情緒反應，但表現得過度悲傷，則是一種與社會對立的行為。

人們得以利用悲傷來達到提高自尊，是由身邊週遭人的反應促成。大家都明白，悲傷的人的處境輕鬆許多，因為別人會同情他們、照顧他們、幫他們打氣、鼓勵他們，給予實質的協助。如果人們宣洩情緒的方式，是透過眼淚與痛哭來達到提升自尊的目的，那麼人們顯然以為，自己有仲裁生命的權力，以為自己能夠控訴生命運作的法則。悲傷使得他們大聲地控訴環境，控訴的聲音愈大，意圖也愈明顯。悲傷會理所當然地逼得周圍的人不得不伸出援手。

這種情緒是人們把脆弱的行為當作跳板，來追求個人優越感，巧妙地避開自卑感與無力感，又得以鞏固自己的地位。

濫用情緒

眾人原本都不曉得情感與情緒的意義與用途，之後才知道原來可以使用它們來克服自卑，提升自我價值，與獲得他人認同。情緒發作影響我們內心世界的各個層面。受到冷落的小孩一旦知道能用發脾氣、悲傷、哭泣來對自己的環境施壓，那麼他們就會經常使用這個方法，看看是否能讓週遭的人都聽自己的話。如此一來，他們會很容易養成一種行為：只要遇到一點小問題，就會把自己標準的情緒反應模式搬出來。必要時，他們就會發作情緒。太執著情緒並非好習慣，弄不好會淪為病態的表現。我們發現，如果一個人小時候就有這種習慣，成年後就容易濫用情緒，憤怒、哀傷等各種情緒如同掌中玩偶般任由他們耍弄。這種沒有意義、不太討喜的人格特質，會抹去情緒真正的意義。這類人只要事情不如意，或者個人主導地位受到威脅，就會習慣性發作情緒，好比演戲一樣。他們表達悲傷的方式，假若是大哭大鬧，便讓人感到不舒服。因為，這和拿著擴音器把自己的特點廣播出去沒什麼兩樣。我們還看過一種人，他們會不斷測試自己的悲傷能表現到什麼程度。

濫用也可能伴隨身體方面的不適。很多人都知道，有的人生氣得過火了，會影響他們的消化系統，一發怒就嘔吐。這種心理機轉可說是直接表現出自己的敵意。悲傷的情緒有時候會使人做出拒絕進食的行為，當事人因此消瘦，營造出名符其實的悲傷畫面。

看到這些種種濫用情緒的狀況，我們不能漠視不管，因為這會引發他人的同情心。只要他們週遭的人對悲傷者表示同情，他們各種激烈的情緒反應就會停止。但是，有的人卻希望自己可以永遠悲傷下去。因為只有處在這種狀態，週遭的人才會不斷對他們釋出善意、表示關懷，而他們的自我價值可以得到些許實質上的提升。

雖然我們會對情緒發作的人表現出程度不一的同理心，但憤怒與悲傷本身還是屬於分離性的人格特質，實際上並不會拉近人與人之間的距離，且這些特質對於社會意識的養成並不有利。若要團體氣氛和諧，人們就得除去對立的心態。悲傷會影響團體和諧，也會扭曲社會意識，造成他人必須付出較多。

厭惡

厭惡也是一種分離性的人格特質。厭惡感的產生，從生理的角度來看，是胃壁受到刺激產生的反應。有些人真的會習慣性地「反胃」，試圖把心理的某樣東西吐出來。因此，這也是一種分離性的情緒特質。反胃所引發的一連串表現，證實了我們這個觀點。厭惡的人經常皺眉，這是一種藐視他人的行為。遇到問題需要解決，則置之不理。有的人一遇到不順遂的事，就會濫用這種情緒，幫自己找機會開脫。要裝出噁心的樣子並不難，只要這種感覺來了，人們一定會離開原本身處的社交圈。厭惡感可說是所有情緒中，最容易偽裝的。如此一來，無傷大雅的行為，就會變成有力的武器來反制社會，永遠是人們逃離社會最好用的藉口。

恐懼與焦慮

在生命中，焦慮是很重要的一種心理現象。這種情緒很複雜，因為它不僅是一種分離性的情緒，而且和悲傷一樣，會形成單向的人際關係。孩子因為恐懼會逃離某種情境，奔向另一個人的懷抱尋求保護。焦慮這種心理機轉，比較貼近受挫的表現，和證明自己的優越感沒有直接關係。處在焦慮狀態的人，會努力縮小自己，就是在這種情況下，焦慮的情緒即便隱含了對權力的追逐，還是有其連結性的一面。只要人們感到焦慮，就會轉向另一種環境尋求庇護，好好壯大自己，直到他們覺得自己能夠面對並克服困境為止。

藉由這種情緒，我們看到一種深植人們心中的心理現象。這種情緒反應了所有人類最原始的感受——恐懼。

人類很容易陷入恐懼裡。身處在大自然的人類其實很脆弱、缺乏安全感。我們對於生命的困境瞭解得太少了，所以小孩子才會在面臨困境時，永遠擺出一副不知所措的樣子。孩子做不到的，旁人必須替他們辦到。小孩一來到這世界，就察覺到生命處處有困境。生活上的種種，開始對他們產生影響力。他們隨時面臨著失敗的威脅，可能終究無法找到方法以填補心中的不安感。最後，人生觀變得相當晦暗。這類人終究會變得非常渴望旁人協助與關懷。他們愈是不敢解決生命的難題，就愈緊張兮兮。如果逼孩子勇往直前，他們只會悄悄地退卻，並且是隨時準備向後撤退，因此焦慮自然就成了他們最鮮明的人格特質。

我們發現，人們表現恐懼的同時，敵對的心態也開始滋長，但不是直接以對立的方式表現，外表通常看不太出來。當人們表現出這種病態性退縮的情緒，仔細研究他們內心的運作方式，就能證實這一點不假。從某些案例中，我們清楚看到，人們在焦慮時是如何向別人求救，是怎麼想辦法把別人拉到自己身邊緊緊不放。

進一步研究這些心理現象的同時，讓我們想起之前對於「焦慮」這項特質所作的討論。焦慮的人需要別人的支持與鼓勵，需要別人多多注意自己。其實這種情形根本就是主人與奴隸的關係，別人必須待在他們身邊，幫助他們。仔細觀察這種情形，我們發現，許多人一輩子都在期盼別人可以對自己另眼相待。因為他們在社會中與其他人互動太少，而且互動方式也出了問題，極度缺乏獨立自主的能力，轉而以非常激烈的方式要求特別待遇。雖然他們拼命找尋他人作伴，但其實他們一點社會意識都沒有。就等著看他們的焦慮與恐懼發作吧！這時，他們又要替自己製造特權了。焦慮感給他們機會以逃避生命的職責，將身旁的人全部變成自己的奴隸。最後，焦慮會漸漸滲入他們所有的人際關係，成為他們控制別人的最佳手段。

2——連結性的情感

快樂

快樂，最能串起人與人之間的情感。有快樂的地方，就沒有孤獨。當人們表現出快樂的情緒，說明了他們正在尋找朋友、需要朋友的擁抱，喜歡與他人玩在一起、聚在一起。將好東西與大家分享的人，會表現出快樂的樣態。快樂，是一種連結性的情緒。換句話說，人們會向他人伸出友誼之手，就好像把溫暖由內往外傳遞出去，一個傳過一個。舉凡會將人與人串連在一起的所有因素，這種情緒全具備了。可以肯定的是，我們現在面對的人們，同樣想要弭平欲望無法滿足的失落與孤寂。這些快樂的人們通常會依循我們前面討論過的行為慣性，來獲得某種程度的優越感。

克服困境最好的做法，應該就是保持心境快樂。歡笑，是一股能讓人心情舒暢、自由自在的能量。歡笑與快樂並存，它可說是快樂的基石。**快樂，可使人超越自我，與其他人融為一體，產生共鳴**。

然而，快樂與歡笑也可能被人們因為某種目的而濫用。有名患者不想別人看出自己細微的情緒起伏，聽到地震死傷慘重的消息，竟然看起來很快樂。這是因為他們悲傷的時候，會覺得自己很脆弱。所以，他們想遠離悲傷，往悲傷的相反方向奔去，那就是——快樂。看到別人痛苦，自己卻很快樂，也是一種情緒的濫用。快樂若是出現在錯誤的時間、錯誤的地點，都是缺乏社會意識、破壞社會意識的表現。這種情況下的快樂，只不過是一種分離性的情緒，淪為競爭的工具。

同理心

同理心是一種很純粹的社會意識。**一個人只要有同理心，我們就能肯定這個人的社會意識是成熟的**。藉由同理心的展現，我們可以判斷這個人體會他人心情的能力是強或是弱。

而這種情緒其實很容易被濫用，有些人會裝出社會意識非常高的模樣，以誇大的形式表現出同理心。像是，有些人會擠到災難現場，純粹是為了博取新聞版面，爭一點無聊的名聲，對於受害者並無提供任何實質上的幫助。有些人很嗜血，喜歡窺探別人的不幸。同理心或慈善心的表現如果走向專業化，這樣的行為實際上還是為了製造個人的優越感，證明自己比那些遭受苦難或者貧困的人們高一等。

對人性非常瞭解的法國作家拉羅什福柯說過：「我們經常從親友的不幸，找到些許的滿足感。」有人認為，人們喜歡看悲劇和這個現象是有關聯的。但這個想法並不正確。他們的說法是，這是因為台下的觀眾覺得，自己比台上的悲劇角色高一等。而對大多數人來說，這種講法並不正確。

我們之所以喜歡悲劇，多半是因為我們希望自我學習，多多瞭解自己。我們不會忘記這只是一場戲罷了。而且，我們可以從戲中人的行為找到生活的動力。

羞怯

羞怯兼具了分離與連結的特質，也是社會意識的一種感覺，是人們心靈活動的一部分。人類社會處處看得到這種情感的表現。當人們的自我價值低落，覺得失去尊嚴時，就會心生羞怯。

而這種感覺會很快傳遍全身，造成微血管擴張，皮膚變紅。這通常出現在臉部，但也不是沒有全身皮膚都會變紅的人。

羞怯的外在表現是退縮，這是孤立自己的舉動。只要有一點沮喪，就隨時準備逃離令人倍感威脅的環境。垂頭喪氣、害羞是脫逃的行為，顯示出羞怯確實是一種分離性的情感。

和其他情感一樣，羞怯也會有被誤用的情況。有些人太容易臉紅了，導致他們身邊所有人際關係都被這種分離性情感瓦解。當這種情感被誤用時，就會成為一種自我孤立的心理機轉。

附錄

教育對心靈所造成的影響

在孩子心靈成長的過程中，學校是必然的歷程。所以，學校必須能夠幫助孩子的心靈健全發展；必須能夠提供孩子心理健全發展的必要條件，才稱得上是好學校。唯有這樣的學校，我們才會相信，學校是有助於人們融入社會的體制。

有個主題我們要做點補充說明，這個主題在前面的討論中曾零星提到，那就是──教育。家庭、學校、生命三方面的教育，對人類的心靈成長造成的影響。

人們之所以瘋狂追逐權力與虛榮心，全部都要拜家庭教育之賜。關於這點，每個人應該都有從自身的經驗體會過。當然，家庭的優點非常多，家庭是照顧小孩成長最理想的地方。在家裡，孩子可以受到良好教育。尤其，從孩子生病的觀點來看，家庭確實是延續人類生命最理想的單位。如果，父母親能夠給予孩子妥善的教育，有智慧有能力看出孩子在成長階段一開始就出現的錯誤；如果，父母具備適當的教育能力，以修正這些問題，那麼我們也會樂於宣佈，世上最能好好守護人類的單位就是家庭。

可惜，父母親既不是好的心理學家也不是好老師。現今的家庭教育似乎過於病態地強調自我中心的重要。強調自我中心的家庭，把自家的孩子當作世上最珍貴的寶貝，傾全力栽培，即便犧牲別人家孩子的權益也無所謂。家庭教育灌輸給小孩錯誤的觀念，告訴小孩要比別人強，必須覺得自己是世上最優秀的人。從心理學觀點來看，這是嚴重的錯誤。家裡若是以父親為一家之首，泰半抱持這種觀念。

然而，病根就出在這裡！父權思想不太重視人類與社會的共同情感，只會急著慫恿人們公然或者悄悄反抗社會意識，它不會教人們明目張膽地公開向社會意識宣戰。威權式的家庭教育最大的缺點，在於教導孩子把追逐權力當作理想，告訴他們擁有權力就會帶來快樂。所以，每個孩子的控制欲變得愈來愈強，愈來愈渴望權力，虛榮心也相當強烈。每個孩子都想攀上高峰，希望受到大家的尊敬。最後，他們會轉而要求原本自己週遭環境中權力最大、自己所臣服的對象，也要尊敬與服從自己。有這種錯誤觀念的孩子，對父母親與世界其他人的態度，對立心一定很重。

因為家庭教育的影響最大，孩子怎麼也不會忘記，要把追逐優越感當作人生目標。有的小孩子喜歡玩扮演大人物的遊戲，這樣的孩子長大後，在他們的想法以及潛意識裡，一定經常迴盪這種童年的回憶，以為外頭和自己的家一樣。如果他們做事遇到挫折，往往就會退縮，離開他們不喜歡的世界。

當然，家庭的功能是培養孩子的社會意識。可是，家庭教育卻強調追逐權力的重要性，家庭有威權的存在，並不利於社會意識的養成。**人們之所以懂得愛與關懷，主要源於與母親的互動**。這可說是小孩最重要的人際關係。藉由這樣的經驗，他們會明白，世界上還有一個自己可以完全信任的人的存在。他們知道，「你」與「我」是不一樣的。

尼采說過：「人們都是根據自己與母親的關係找尋另一半。」教育家裴斯塔洛齊（Pestalozzi）也證明了，母親代表典範，這種形象會形塑孩子以後的人際關係。

母親的功用，就是培養孩子的社會意識。我們發現，孩子如果出現人格異常，病根往往出在母子互動的方式。所以，孩子人格特質的發展，就是母子關係的指標。母子關係一旦扭曲，孩子與社會互動的方式便會出問題。典型的錯誤有兩種：第一種，母親教導孩子時，沒有發揮她應有的功能，導致他們缺乏社會意識，這是很嚴重的缺陷，許多不幸的事都是這樣發生的。孩子看起來很像在敵國長大的陌生人。如果要幫助這樣的孩子，就得重建母親的功能，這是孩子在成長過程中所欠缺的，也是幫助一個人培養同理心的唯一方法。第二種錯誤或許是最常見的——母親發揮了她的功能，但卻過了頭，造成孩子將社會意識全部投射、移轉到母親身上，超出應有的程度。母親允許孩子在社會意識養成的過程中，將所有情感全部放到她身上，而這樣的孩子以後在意的人就只有母親，除了母親之外全都不予理會。這等於是缺少當個健全社會人的基礎。

關於人格的養成教育，孩子與母親的關係固然重要，但其他因素也很重要。**快樂的成長環境，有助於孩子找到如何與世界互動的能力**。如果我們曉得，大多數的孩子所面臨的困難有多麼大；如果我們知道，孩子在小小年紀，能夠與這個世界好好相處的、覺得世界是個快樂居所的人是這麼的少，就不難理解，為什麼孩子最初的童年回憶對於他們非常重要。這些都是指引孩子如何在這個世界上，找到立足點的重要指標。如果我們說，許多孩子一來到這世上便體弱多病，他們的人生經驗只有悲傷與痛苦，而且大多數的孩子也缺乏快樂的成長環境，這樣大家應該就能理解，為什麼很多孩子長大後在生活中、在社會上都沒有辦法與人和睦相處，又為什麼他們的行為缺乏社會意識。然而，「社會意識」才是真正的人類社會應該具備的特質。此外，錯誤的教育方式也起了相當關鍵的影響。嚴厲的威權教育，足以摧毀孩子在生命裡可能擁有的幸福快樂。同樣地，替孩子移除成長過程中遇到的所有障礙，也等於是把孩子關在溫室裡，「凍結了」他們的成長，造成孩子成年後到了外面，遇到滔天巨浪時，無法適應。因為，他們只能活在家裡溫暖的熱帶氣候。

我們的家庭、社會與文明，對於人格的教育很不理想，沒辦法幫助人們在社會上培養人與人之間的情誼。整個大環境一直在鼓勵人們培養虛榮心、追逐個人自我價值。

有沒有什麼辦法可以補救錯誤的教育方式對孩子造成的影響，改善他們的情況？答案是，學校教育。不過，根據實際的研究結果，現今的學校教育並無法完成這項任務。幾乎沒有老師敢說，他看得出孩子的行為哪裡出現偏差，還可以在現今的教育體制下，糾正錯誤。老師不具備這樣的能力，只能盡責對孩子講述學校課業。老師面對的對象雖是人，卻不敢關心這項議題。況且，這麼多的班級與學生，使得老師難以完成這項任務。

難道沒有其他體制可以修正家庭教育的缺失嗎？有些人可能會說，生命這個大體制辦得到。但是，生命也有其限制。生命有時候好像辦得到，但其實它沒有能力改變一個人。因為人類的虛榮心和企圖心形成障礙。人們不管犯了多少錯誤，永遠只會把責任推到別人身上。要不然，就是覺得自身處境已經無可挽回。我們很少看到那些在生命中遇到挫折、犯了錯的人，願意停下來重新思考，問題出在哪裡。在前面章節，我們討論過一些濫用個人經驗的例子，便能證實這點。

生命本身沒辦法帶來任何本質上的改變。從心理學的角度來看，這一點是說得通的。生命面對的，是發展已經定型的個體。此時，強烈的個人觀點已經成形，皆與追逐權力有關。生命不但什麼也改變不了，還是最差勁的老師！生命不會思考，不會警告我們，也不會教導我們；只會排擠我們，任由我們自生自滅。

我們的結論只有一個：唯一可以改變人們的體制就是學校！學校教育如果沒有被濫用，應該可以發揮這個功能。但直到現在，還是經常看到，那些辦學的人在玩弄學校教育，把它變成施展個人虛榮心與企圖心的工具。現在，我們聽到，有人大聲主張，學校應該恢復舊有的威權教育。然而，舊時代的威權教育真的有效嗎？一個只會對人性造成傷害的威權，為什麼一夕間變得如此有價值？連家庭這個比較理想的環境，一旦施展威權，最後也只有一個下場——造成集體反抗。那麼，我們又怎能說，在學校施展權威是件好事？任何權威，如果不是我們發自內心所認同的，而是外在環境強加在我們身上，就不具真正的崇高。

很多孩子上學，會覺得老師只不過是國家的員工罷了。把權威強加於孩子身上，而不會對他們的心靈成長造成負面影響，實屬不可能。權威不能強制執行，必須以社會意識為基礎。在孩子心靈成長的過程中，學校是必然的歷程。所以，學校必須能夠幫助孩子的心靈健全發展；必須能夠提供孩子心理健全發展的必要條件，才稱得上是好學校。唯有這樣的學校，我們才會相信，學校是有助於人們融入社會的體制。

結論

我們可以決定自己的命運

我們這套心靈成長的法則立論很穩固。對於任何想要自主、自由決定自己的命運的人，這是最重要的指標。

本書提過，人類的心靈會受到遺傳因素影響，遺傳對人的身心會起作用。但是，**心靈的成長完全由社會因素決定**。人類的需求必須得到滿足；社會的需求必須實現。只有在這種前提下，心靈才能成長；只有透過這些條件，心靈才會朝理想的方向發展。

我們針對心靈成長做了詳細的研究，也討論了知覺、記憶、情緒、思想等方面的功能與能力。最後，還探討了性格特質與情感，並且證實所有現象之間的關係密不可分。這些現象，一來受到團體生活的約束，二來則是受到個人追逐權力與優越感的影響，所以它們發展出特殊、個性化、獨特的表現形式。我們證明了，人類追逐優越感的目標，是如何因為社會意識而有所修正。其修正的程度，則需視社會意識在某些特定情況下，發展到何種程度。如此這般，最後形成了特定的人格特質。但這樣的人格特質絕非遺傳之結果，而是在形成的過程中，與心靈發展表現在外的行為模式相符所致。然後朝著個人的目標繼續發展，這樣的目標存在每個人心中，只是我們有時候知道，有時候不知道罷了。

許多人格特質與情感都是實用的指標，有助於我們瞭解人類。我們花了很長的篇幅討論某些特質，但有些並無提到。在本書中，我們看到了，人人都有虛榮心與企圖心，但表現出來的程度，則是以個人對權力的欲望有多麼強烈而定。從人格特質的展現，我們可以清楚看到，一個人如何追逐權力，以及其特有的表現方式。我們還證明了，企圖心與虛榮心如果發展過度，會如何阻礙一個人健全成長。同時，也造成一個人的社會意識錯亂或者難以形成。虛榮心與企圖心這兩種特質，帶來許多困擾，造成社會意識的形成受到抑制。而渴望權力的人們，則是被導向自我毀滅之路。

我們這套心靈成長的法則立論很穩固。對於任何想要自主、自由決定自己的命運的人，這是最重要的指標。慣性行為是一股陰暗、神祕的力量，千萬不要任由自己淪為慣性行為的受害者。

我們對於人性科學的研究還在實驗階段，這門科學沒辦法教也無法培養。我們認為，每個人都必須瞭解人性，學習這門科學，堪稱為人類最重要的心智活動。

阿德勒談人性

瞭解他人就能認識自己

Understanding Human Nature

作　　者　阿爾弗雷德・阿德勒
譯　　者　林曉芳
執行編輯　鄭智妮
行銷企劃　曾銘儀
內頁設計　賴姵伶
封面設計　莊謹銘

發 行 人　王榮文
出版發行　遠流出版事業股份有限公司
地　　址　臺北市中山北路 1 段 11 號 13 樓
客服電話　02-2571-0297
傳　　真　02-2571-0197
郵　　撥　0189456-1
著作權顧問　蕭雄淋律師

2016 年 11 月 28 日　初版一刷
定價　新台幣 300 元　（如有缺頁或破損，請寄回更換）

ISBN 978-957-32-7906-8
遠流博識網　http://www.ylib.com/
E-mail　ylib@ylib.com

國家圖書館出版品預行編目（CIP）資料

阿德勒談人性 : 瞭解他人就能認識自己 / 阿爾弗雷德 . 阿德勒（Alfred Adler）著 ; 林曉芳譯 . -- 初版 . -- 臺北市 : 遠流 , 2016.11
面 ;　公分
譯自 : Understanding human nature
ISBN 978-957-32-7906-8（平裝）

1. 個人心理學 2. 性格

173.74　　105018979